州市科协科普专项资助

# 青少年毒品预防教育一本全

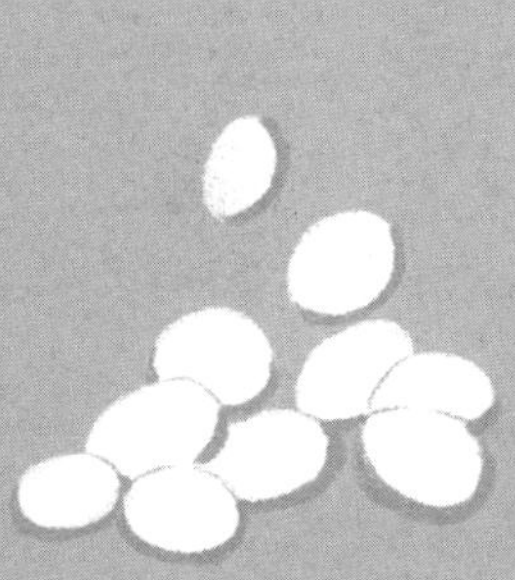

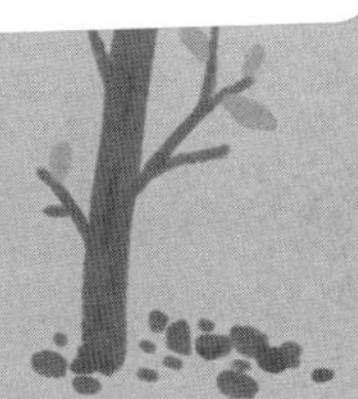

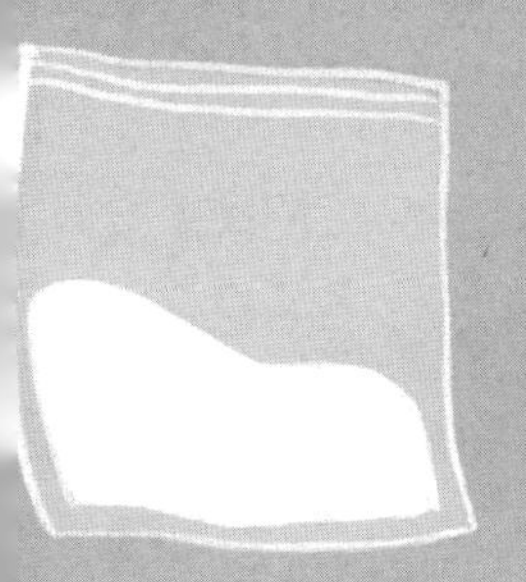

朱志华 等 编

## 远离毒品 健康成长

展现青少年吸毒危害

唤起青少年禁毒意识

浙江工商大学出版社 | 杭州
ZHEJIANG GONGSHANG UNIVERSITY PRESS

**图书在版编目(CIP)数据**

青少年毒品预防教育一本全 / 朱志华等编. — 杭州：浙江工商大学出版社，2021.6

ISBN 978-7-5178-4517-1

Ⅰ. ①青… Ⅱ. ①朱… Ⅲ. ①禁毒—中国—青少年读物 Ⅳ. ①D669.8-49

中国版本图书馆 CIP 数据核字(2021)第 104099 号

**青少年毒品预防教育一本全**

QINGSHAONIAN DUPIN YUFANG JIAOYU YIBENQUAN

朱志华　等 著

---

**责任编辑**　郑　建　徐　凌

**封面设计**　张哲雯

**责任印制**　包建辉

**出版发行**　浙江工商大学出版社

(杭州市教工路 198 号　邮政编码 310012)

(E-mail:zjgsupress@163.com)

(网址:http://www.zjgsupress.com)

电话:0571-88904980,88831806(传真)

**排　　版**　杭州朝曦图文设计有限公司

**印　　刷**　浙江全能工艺美术印刷有限公司

**开　　本**　880mm×1230mm　1/32

**印　　张**　4.625

**字　　数**　77 千

**版 印 次**　2021 年 6 月第 1 版　2021 年 6 月第 1 次印刷

**书　　号**　ISBN 978-7-5178-4517-1

**定　　价**　39.00 元

---



浙江工商大学出版社营销部邮购电话　0571-88904970

# 前言

毒品是人类社会的共同敌人，禁毒是全球各国人民的强烈意愿。中国近代史开端于1840年，历经百年，直至中华人民共和国成立前夕结束，从某种意义上来说，这是一部毒品泛滥、百姓深受其害，中国人被西方称为“东亚病夫”的沉沦史，也是一部从林则徐“虎门销烟”，历代奋起抗争，到中华人民共和国成立，共产党领导人民经过三年奋斗禁绝百年毒品祸害，建立轰动世界的“无毒国”，彰显社会主义制度优越性的历史。而当国门开启，改革开放大潮涌动，新鲜空气吹进之际，“苍蝇”“蚊子”也伴随着毒品混杂而入。中国由毒品过境国渐变成毒品过境与消费并存的国家，某些地区甚至一度成为以毒品生产与消费为主的重灾区，而青少年群体正不断受到其诱导和伤害。

遏制毒情蔓延的情势如救火抗灾一般刻不容缓，面对危害民族希望和未来的毒品祸害，危害人民生命、健康、财产的“白色瘟疫”，中国政府又一次领导人民展开了一场持续的禁毒人民战争，斗争的重点是争夺青少年，努力使广大青少年认识毒品危害，能够积极预防并远离毒品，自觉成为禁毒斗争的志愿者和宣传者。

为顺应当前禁毒斗争形势和社会各界需求，针对“新型毒品”变换花样，蔓延势头快、猛等特点，我们力求重点加强对青少年的禁毒教育防范。在《禁毒百问》一书的基础上，我们做了资料充实、案例增补等工作，并从国家禁毒委办公室宣传资料中选取了大量图片，形成了更具针对性与可读性的《青少年毒品预防教育一本全》。在本书的改编过程中，我们得到了省公安厅禁毒总队、浙江工商大学出版社的大力支持协助，孙永刚、卢俊、郑建等同志给予了热心帮助，在本书付梓之际，在此一并给予衷心感谢。

朱志华

2020 年 11 月 18 日

# 目录

## 第一章　百年禁毒

## 第二章　毒品之害

## 第三章　新型毒品



## 第四章　拒毒不沾

## 第五章　警示案例



## 附录　浙江省禁毒条例

# 第一章

## 百年禁毒

吸毒必戒
中国国家禁毒委员会
CHINA NATIONAL NARCOTICS CONTROL COMMISSION

## 1.鸦片与中国“结缘”

鸦片原产于阿拉伯等地区，在距今一千多年前的唐朝中期由阿拉伯商人传入中国。唐中期以后，中国已将罂粟作为观赏花卉进行栽培。宋代，为了欣赏罂粟，人们种植得较多。直到明代，仍有相当多的人将罂粟视为观赏花卉，如著名科学家徐光启从北京给家人写信索要罂粟等各种花籽。与此同时，中国人也了解到鸦片的制作方法，并开始吸食。清代著名植物学家吴其濬在其著述中写道，明代人吃鸦片已成祸害，而到清代，鸦片已“流毒天下，与断肠草无异”。

## 2.中国人对鸦片的早期认识

早在唐代，印度就有用鸦片治病的记载。据曾到印度取经的唐三藏法师翻译的《毗奈耶杂事略》卷一〇记载，佛指点在印度王城的患病者吸药烟(即鸦片)治病,书中还介绍了吸食鸦片的方法。最初中国人把鸦片作为药物,多数以吞服少量生鸦片的形式治病。宋代之后,不少人都已了解到鸦片具有药用价值,如北宋刘翰、马志等编著的《开宝本草》、明代著名中医药学家李时珍所著的《本草纲目》、清代吴其濬所著的《植物名实图考》都记载了鸦片的药用功能。明万历十七年(1589),朝廷开始将鸦片当作药材收税;清康熙二十五年(1686)重开南洋贸易时,按照明代规制把鸦片列为进口药材重新收税。

宋明时期,用鸦片治病采用煎服之法。到明末清初,很多人学会了将鸦片与烟草混合的吸食法。初时人们吸食鸦片,并未意识到鸦片的严重危害性。雍正七年(1729)曾发生过这样一桩案件:漳州知府李国治破获了一起私贩鸦片案,一个叫陈远的人私贩鸦片 17 千克,被判充军刑罚。巡抚刘世明复审时,陈远诡辩说鸦片是药材,是治痢疾用的,非害人之物。经药商鉴定,陈远持有的鸦片确实是药材,结果知府李国治被判构成“故入人罪”(即故意陷害罪),甚至连雍正皇帝都斥责李国治办案荒谬。可见,当时从药商、巡抚到皇帝都无辨别能力,搞不清鸦片究竟是药材还是害人之物。

## 3.欧美资本主义向中国走私贩卖鸦片

明代开始，鸦片进口渐多，16 世纪 50 年代前后，葡萄牙人将鸦片从印度贩运来华，澳门是其中转站，后来西班牙、荷兰、英国也加入向中国输送鸦片的行列。乾隆二十二年(1757)，英国在印度的殖民地机构——东印度公司占领了孟加拉，强迫农民大面积种植鸦片。1773 年，东印度公司独占印度鸦片制造与专卖权，并确定了对华鸦片政策。1820 年前，英国与葡萄牙为对华输入鸦片展开激烈竞争。在欧美资本主义迅速发展、扩张的形势下，为了打开中国闭关锁国的封建大门，英国使用卑鄙无耻的手段——鸦片贸易，将印度的鸦片通过走私大量运进中国。对此，清政府曾进行坚决抵制。1813 年，因宫廷太监和御林军吸食鸦片，引起嘉庆帝震怒，谕令凡军中官吏吸食鸦片者均革职，杖一百，枷号两个月；太监吸食者枷号两个月，发配黑龙江为奴；士兵官员吸食者杖一百，枷号一个月。但因走私贩运鸦片有利可图，致使“无业之民有借贷以贩鸦片者，小康之民有卖产以贩鸦片者”。

此外，由于清廷吏治腐败，虽三令五申，鸦片走私却愈演愈烈。当时即有人指出，鸦片之禁“非立法之不严，实稽查之不力”。英国“蓝皮书”也有记载：“鸦片贸易虽在条文上是违法的，但广州当局，上自总督，下至税吏，都与这种贸易有关。”英国方面从 1815 年开始，决定每箱按一定比例抽税，用以贿赂中国官员。当时有一商人私带鸦片被抓，便向官吏行贿约为烟价的 50 倍的贿金，因而获保释。正如马克思所说：“中国人在道义上抵制的直接后果是英国人腐蚀中国当局、海关职员和一般官员。”特别是到了 1834 年，东印度公司垄断鸦片贸易的特权被取消后，大批英国商人开始从事鸦片贸易，促使我国鸦片大量进口并向内地蔓延，因此，马克思称，1834 年“在鸦片贸易史上，标志着一个时代”。据不完全统计，从 1816 年到 1837 年这 20 多年，中国鸦片走私输入增加了 10 倍，鸦片如同瘟疫一般迅速向全国各地蔓延。与此同时，国内私种罂粟、自制鸦片的现象也不断增加，到鸦片战争前夕，外来和自产的鸦片已像洪水一样泛滥，给中国社会带来了无穷灾难。

## 4. 鸦片泛滥严重，危害晚清社会

鸦片泛滥于中国城乡各地，给当时的社会造成了严重的直接危害。

一是严重影响中华民族的健康素质，摧残中国人民的身心健康。吸食鸦片者最初是少数地主、富商及其子弟，为了炫耀，以鸦片作为奢侈品来显示自己的高贵地位。随着鸦片的大量输入和自制，上至官员、下至平民都开始吸食，吸食鸦片已成为一种普遍风气。据报，闽、粤有十之七八者吸食鸦片。吸食鸦片者到后期一个个面目发青，骨瘦如柴，危及生命。“纵使白刃加于前，虎狼追于后，也毫无抵抗之力。”不但本人短命，而且危害家庭，有的倾家荡产，有的妻离子散，有的沦为盗娼，有的断子绝孙。鸦片不仅祸及百姓，而且腐蚀军队的战斗力。道光年间，广东清兵因吸食鸦片，与瑶民起义军作战时溃不成军，引起朝野震动。后两广总督李鸿宾被流放至新疆乌鲁木齐，连 70 多岁病休的广东提督刘荣庆也被遣戍至边陲伊犁。吸食鸦片的烟民，实际上成了“废民”，百姓吸食鸦片不但影响社会生产力的发展，而且破坏了整个社会风气。

二是大量白银外流，严重影响国力和民生。鸦片贸易前，中外贸易主要采取以货易货的方式进行，中国一直处于出超地位，只有外商用白银买中国货，而中国人无需用白银买洋货。然而，鸦片贸易开始以后，中国人开始用白银进口鸦片,白银有出无入,外流严重。1823 年以前,每年外流的白银约数百万两,而 1834—1837 年,白银每年外流约 3000 万两。这导致国库渐空,市场上白银越来越少。18 世纪中叶,700—800 枚铜元能换 1 两白银,而到鸦片战争前夕,1600—2700 枚铜元才能换 1 两白银,大大增加了人民负担。马克思一针见血地指出:“非法的鸦片贸易,年年靠摧残人命和败坏道德来充实英国国库。”

## 5.清代第一次禁烟运动

鸦片泛滥给中国社会带来了深重灾难。从雍正至道光年间,清廷曾多次下令禁烟,仅嘉庆一朝就先后发布禁令二十多次,但鸦片越来越多。到 1821 年道光帝继位时,清朝统治已出现严重危机,吏治腐败、军备废弛、财政拮据等问题越发突出。当时,以英国为首的侵略者绞尽脑汁要打开中国大门,掠夺财富。鸦片贩子们收买地方恶棍,贿赂官员,变换走私地点,使鸦片贸易沿海岸线向东北发展。走私贸易量由数千箱猛增到数万箱,大量白银流入侵略者的腰包,全国出现银荒兵弱的局面。为了重振大清基业,道光帝决定励精图治。1830 年 6 月,清政府颁布两广总督李鸿宾等上奏的《查禁纹银偷漏及鸦片分销章程》，道光帝还就御史邵正笏所奏的《内地奸民种卖鸦片贻害民生请旨饬查严禁》一折发布上谕，要求各地严禁鸦片，严办种卖。以上章程和上谕的颁布，以及由此开展的各省查禁运动，标志着全国性大规模禁烟运动的开始。

1830 年到 1842 年，出现了近代史上第一次全国性的禁烟浪潮。在这个过程中，充满了各种思想的交锋及与破坏禁烟运动势力的斗争。首先是从 19 世纪 30 年代中期开始，围绕鸦片走私和白银外流，清朝统治阶级内部展开了一场全国性大讨论。1836 年，太常寺卿许乃济上奏《鸦片例禁愈严流弊愈大函请变通办理折》，其主要内容如下：一是将鸦片按照药材征税。许乃济认为对外国人来说，纳税费用少于行贿开支，外国人高兴；对中国人来说，可收取关税，一举两得。二是禁官不禁民。中国人口众多，即使老百姓吸鸦片致死，也不必担心户口减少。三是弛鸦片之禁，以土抵洋。即准许国内种植罂粟，自制鸦片，以抵制洋鸦片进口。对于许乃济的奏折，道光帝令两广总督邓廷桢等商议后提出意见。结果邓廷桢及广东巡抚祁土贡、粤海关监督文祥等表示赞同，却招致许多官员反对。1837 年，给事中许球奏《请禁鸦片疏》，严厉驳斥许乃济的弛禁论。1838 年 6 月，鸿胪寺卿黄爵滋上奏著名的《请严塞漏卮以培国本折》，主张严禁鸦片，吸食者以死论。他认为，中国耗费的银两那么多，是由于贩卖鸦片之兴盛，而鸦片贸易之所以兴盛，是由于吸食者太多。没有吸食鸦片的，鸦片贸易自然不能兴旺，外国的鸦片没有了市场，自然不会再来，因此，必须重治吸食者。黄爵滋提出，以一年为期限，到期不戒者，处以死刑。他认为过去有关吸食鸦片的定罪没有死刑，所以让吸食者抱有侥幸心理，不肯断绝。而在外国，吸食鸦片是要当众处死的。英国在处死鸦片烟犯时，会把罪犯绑在竿子上，召集民众围观，然后把犯人当靶子，用炮将其击落海中；在安南（越南）吸食鸦片者，也犯死罪，不得赦免，所以外国人吸食鸦片的极少。他还主张，在严禁的同时要广传戒烟药方，让老百姓家喻户晓。黄爵滋的主张引起了道光帝的重视，降谕各地，迅速在全国范围内展开了一场大讨论。大讨论的结果概括起来主要有 4 种意见：一是严查海口，目的是堵塞鸦片从外部走私输入；二是重治贩运者，从源头上遏制；三是对吸食者用“墨刑”，即在其面部刺字，使其感到耻辱，觉得没脸见人，进而悔改；四是限期禁绝。持此主张者以湖广总督林则徐最为坚决。1838 年 7 月，林则徐上奏《筹议严禁鸦片章程折》，坚决支持黄爵滋的主张，要求皇帝降谕，重治吸食，以一年为限，到期不戒者，“是不奉法之乱民，罪以死论”。1838 年 9 月，林则徐又上奏折指出，鸦片“迨流毒于天下，则为害甚巨，法当从严。若犹泄泄视之，是使数十年后，中原几无可以御敌之兵，且无可以充饷之银”。意为鸦片泛滥之后，国家将没有能打仗的军队，连军费的开支都无从解决，给清政府重重地敲响了警钟。

通过全国大讨论，各省督抚都认为应该严禁鸦片，“从无一人议及弛禁者”，再也没有人同意许乃济的主张了。1838 年 10 月，道光帝将主张弛禁鸦片的许乃济降职为六品顶戴，即行休致。大讨论澄清了官员的认识，统一了思想，为全国禁烟运动高潮的到来做好了思想准备。

## 6.林则徐的禁烟主张与实践

中国近代第一位伟大的民族英雄林则徐，不仅一贯主张严禁鸦片和重治吸毒，而且在其任上将禁烟主张变成了实践成果，在抵御外国鸦片侵略方面做出了卓越贡献。继 1836 年许乃济奏请弛禁鸦片后，1838 年黄爵滋提出以死刑重治吸食鸦片，在两种思想的交锋中，时任湖广总督的林则徐坚决支持黄爵滋的观点。在林则徐给皇帝的《筹议严禁鸦片章程折》中，认为烟民对烟枪看得很重，“虽骨肉不轻以相让”，主张必须先缴烟枪,在 1 个月之内,须将所制各种烟具缴官焚毁免罪,否则“即须论死”。林则徐除了主张重治吸食外,还强调要追究禁烟失职失察官员的责任,并予以降调处分,以保障禁烟顺利进行。林则徐从经济上给道光帝算了一笔白银外流账:如 4 亿人口中吸鸦片者占 1%,每年即耗银 14000 两,况且吸食者远不止 1%。同时,林则徐从事关统治阶级命脉和支柱的兵和饷的角度,提出任由鸦片泛滥,其结果必然是兵弱银荒,清廷将陷入严重的统治危机,给道光帝极大震动。1838 年 12 月,道光帝连续 8 次召见林则徐,下决心禁烟,并于 12 月 31 日任命林则徐为钦差大臣,令其前往广东禁烟。林则徐一到广州即表明除恶务尽的决心,“若鸦片一日未绝,本大臣一日不回,誓与此事相始终,断无中止之理”,同时通过明察暗访,掌握了鸦片批发和零售情况。经过两个月的紧张斗争,终于迫使以义律为首的鸦片贩子缴出所有存储的鸦片 21306 箱,并在虎门海滩当众全部销毁。其方法为:在虎门海滩高处挖两座各 15 丈见方的大池,底下铺石条,四周栏桩钉板,池前开一个涵洞,池后通一条水沟,销毁烟土时,先在池中放入水,再加上盐制成卤水,然后把鸦片切块投入池中浸泡半天,最后将生石灰投放进去,并上下充分翻搅,使其发生化学反应,到傍晚退潮时打开涵洞,池中污物便流淌入海，随浪消逝。此一壮举，充分显示了中国人民反抗外来侵略的英雄气概。

林则徐不仅抓紧搜缴、销毁外来鸦片，而且严禁民间吸食鸦片。早在湖广总督任上他就大力禁烟，缴获烟土烟膏24000多两，烟具4800余杆，湖南开烟馆、贩鸦片之徒“闻风远窜”，吸食者也怕性命不保，纷纷悔改自新。同时，林则徐还访察、研制了多种戒烟药方，使不少沾染烟瘾者戒断。林则徐在湖广的德政，得到了百姓的衷心拥护和爱戴。他作为近代第一个睁眼看世界的人，深刻意识到鸦片对中国社会和中华民族的巨大危害。他不但坚决主张禁烟，而且亲自主持搜缴、销毁鸦片的斗争，在世界禁烟禁毒史上，留下了光辉的一页。

## 7. 马克思对虎门销烟的评价

道光年间禁烟运动高潮的“顶点”，是道光十九年(1839)林则徐在虎门海滩销毁鸦片，这是清廷强力禁烟的重要表现。

虎门销烟的壮举大大增长了中华民族的志气，灭了英国不法商人的威风。马克思对林则徐没收、焚毁走私鸦片之举也极为关注,并给予高度评价,称虎门销烟为这次禁烟运动的“顶点”。

## 8. 洪秀全及太平天国对禁烟的贡献

洪秀全是近代中国向西方寻求真理的代表人物中唯一的农民领袖。在鸦片泛滥成灾的年代,洪秀全坚决反对吸食鸦片及鸦片贸易,反映了中国农民阶级革除积弊的强烈愿望。

洪秀全生于广东花县(现广东省广州市花都区),对鸦片战争前后中国人民深受烟祸之害有切肤之痛。洪秀全认为,民众贫困源于地主阶级的压迫和鸦片贸易。他告诫群众:“烟枪即铳枪,自打自受伤,多少英雄汉,弹死在高床。”在金田起义前,洪秀全在提出农民革命理论的《原道救世歌》中就要求人们禁绝饮酒,严禁吸食鸦片。起义后,为保证军队的纪律和战斗力,太平天国不少文件中都规定吸食鸦片是犯天条,斩杀不留。后来,太平天国建都南京,禁止烟酒一如既往。洪秀全把戒绝鸦片称为“脱鬼成人”。太平军不但自己不吸食鸦片,而且严禁居民吸食。1853 年,清朝两江总督杨文定致英美公使照会指出:“贼匪烟禁甚严,一遇我国吸烟之人,无不被杀”;在苏州“烟禁极严,见即斩首”。由于洪秀全严禁鸦片,在太平天国统治区域,鸦片一度几乎禁绝,致使外国鸦片价格一跌再跌,始终卖不出去。1862 年,侵略分子格林给香港怡和洋行写信说,宁波在过去两周,一箱鸦片都卖不出去。

太平天国对外政策是允许外国人自由贸易,货税不征,但严禁鸦片贸易。1845 年,东王杨秀清命令石达开、黄玉昆答英国“拉特号”舰长麦勤西 30 条疑问,郑重声明了太平天国禁烟的坚定立场。然而在太平天国后期,由于斗争局势不利和太平军成分复杂等原因,吸食鸦片之风又渐抬头。对此,后期主持政局的洪仁玕仍坚决禁烟。洪仁玕在《资政新篇》中指出:“要先禁为官者,渐次严禁在下”“走私者杀无赦”。这表明以洪秀全为首的农民革命领袖们始终主张坚决禁烟。然而到了最后阶段,紧张而残酷的斗争使太平天国不可能有更多的时间和精力用在严禁鸦片上,加上不少地区在斗争中反复得失,队伍成分复杂,在基层领导人和军队中都出现了吸食鸦片的现象。但纵览历史,太平天国运动期间严禁鸦片吸食和贸易的政策主张仍然应该被充分肯定。

## 9. 军阀割据时期,鸦片泛滥成灾

袁世凯死后,北洋军阀们各成派系,割据称雄。在生产落后、经济衰退、饷源无可再开的情势下，拥兵自重的军阀们为获取军饷和各项经费，无不鼓励、强迫农民种植罂粟，武装护送、贩运鸦片以收取特税，鸦片税收成为军阀割据的经济基础。不但地方政府各自为政收取烟税，而且中央政府也大肆收税。当时，政府对能种烟的收亩捐、窝捐，对不种烟的按户摊派，对运销的则收护运费、过境费、护商费等，不能种运者设官膏局，收红灯捐、牌照捐、瘾民捐、戒烟费等；同时，为保证外销安全，各地军阀多武装护运。如西南军阀王家烈、刘湘、鲁涤平、何健等，西北军阀马福祥、马鸿逵、盛世才等，都曾武装贩运鸦片。20 世纪 20 年代，长江上常有军阀们的烟土船行驶，东下时满载烟土，西上时换装枪械。

在军阀们的鼓励和强迫下，罂粟遍地、吸食成风、烟毒泛滥达到了前所未有的严重程度，外国鸦片毒品也趁机大肆流入国内，清末民初的禁烟成果化为乌有。鸦片、灾荒、战乱交织在一起，不少农民卖粮、卖耕牛、卖土地来交纳鸦片税。20 世纪 20 年代，广东因种罂粟发生粮荒，雷州竟饿死 20 多万农民，幸存者多流亡海外，男的“卖身为奴”，女的“卖身为娼”，悲惨至极，中国人民再次陷入苦难深渊。同时，各地军阀为争夺鸦片产地和税收不断发动战争。北洋军阀时期的“鸦片战争”主要有粤桂战争、滇桂战争和两次江浙战争等。20 世纪 20 年代中期，军阀卢永祥占据上海，每年仅依靠从印度运往上海的鸦片所得税即可养活 3 个师的军队。1936 年，蒋介石命令龙云和吴忠信禁止云贵烟土进入广西，又实行封锁，不到 3 个月桂系军阀李宗仁和白崇禧即向蒋介石妥协，蒋介石才得以统一广西。这些都说明鸦片与军阀内战关系重大。民国要员唐绍仪在中华国民拒毒会上发表演讲指出："民国十四年来之数次战争，均为鸦片，故可称为十四年之鸦片战争。"还有人评价北洋军阀混战说，鸦片战争是中英两国的国际战争，而中国数十年的军阀混战也可以说是鸦片战争在国内的继续和扩大。鸦片的厚利驱使军阀争战，争战结果又使人民遭受深重灾难，因而军阀与鸦片成为 20 世纪 20 年代中后期的两大毒瘤，势在必除。

## 10. 孙中山的禁烟思想

早年，孙中山同怀抱救国救民理想的所有热血青年一样，立志报效祖国，但又深感自己力量有限，因此把希望寄托在当权者身上。还在香港西医书院上学时，孙中山得知本县在籍官员郑藻如兴利除弊卓有成效，便写了《致郑藻如书》，提出鸦片虽不是虫蛇，但为害之烈，甚于虫蛇，向郑藻如提出在家乡禁烟的建议。1894 年,孙中山又写了《上李鸿章书》,尽管此时他也赞同“以土抵洋”“收回利权”的主张,但最终目的是禁绝鸦片。

中华民国成立后,孙中山任临时大总统,并于 1912 年 3 月 2 日颁布《禁烟令》,其主要内容为:重新揭露鸦片之害;对清末禁烟成果予以肯定;强调保国存家匹夫有责,要继续禁烟,永雪“东亚病夫”之耻,长保华夏清明之风;采取严厉措施禁烟,吸鸦片者“不可为共和之民”“剥夺其选举与被选举一切公权”。3 月 6 日,孙中山又以临时大总统名义下令内务部厉行禁烟,勿任弛废。在孙中山的严令下,各省继续禁烟。孙中山时期的禁烟法令及有关措施,对民国之初革除鸦片积弊起到了继往开来的作用。孙中山辞去临时大总统职务后,仍把禁绝鸦片视为己任,并做了多方面的努力。他曾利用他的威望和国际影响力,撰文致伦敦各报,重申中国禁烟信念,要求英国停止对华的鸦片贸易。当时要取得禁烟成功,争取英国民众和有识人士的同情支持是一个重要的外部条件。及至晚年,孙中山仍坚持禁绝鸦片。1924 年,孙中山任广州大元帅府大元帅时,因经费紧张,有人提议准许鸦片公开买卖并加以收税,但孙中山不为所动,仍强调“国民政府不允许鸦片买卖,有主张鸦片可买卖、对恶势力降服者,‘均为民意之公敌'”，并进而申明，“不禁鸦片即属卖国行为”，表现了向鸦片宣战、绝不妥协的精神。同时，鉴于军阀混战割据的状况，孙中山提出要达到禁烟目的，必须先打倒祸害为深为烈的军阀，进而统一法令，禁烟才能成功。为此，孙中山把禁烟的最终胜利与打倒军阀结合起来，把铲除鸦片这一社会毒瘤与建立共和的良好政治制度结合起来，并号召民众为此“奋斗不懈”。孙中山的禁烟思想对 20 世纪 30 年代的南京国民政府产生了重要影响，许多仁人志士都以孙中山禁烟主张相号召，国民政府的要员无不标榜要遵循“总理遗训”，坚决禁烟。

## 11. 日本发动侵华战争前对中国实施的鸦片毒化政策

继英国之后，日本疯狂推行对华毒化侵略政策。日本的鸦片政策被作为国策，由首相亲自负责，由国家有组织、有系统、有计划地推行。从第一次世界大战开始到全面侵华战争爆发前，日本在中国建立了庞大的鸦片毒品贩卖网络。英印鸦片停止入华后，日本取代了英国，继续开展鸦片贸易，将大量鸦片投入中国市场，而在日本国内，从明治初年开始，就厉行禁烟政策。

20世纪初，日本军部及领事馆以允许贩卖鸦片作为交换条件，指使浪人深入中国各地，勾结地痞流氓乃至贪腐官吏，搜集种种情报，向军部、使领馆、特务机关汇报。贩卖鸦片成为日本特工刺探情报的一种手段，日本还由此获得了巨额利润。日本侵华后，为刺探情报、解决军费，日军尤其是宪兵更"直接利用中国贩毒痞棍"。后来，日本将在华贩卖鸦片所得直接解往东京，由大藏省支配，东条英机内阁对国会议员的津贴即从这不义之财中开支，此款被称为内阁机密费，实际上是利用鸦片税来解决日本的财政困难。

20世纪初，日本又从国际市场上低价买进鸦片、吗啡(大部分为英印鸦片毒品)在中国台湾加工或在日本国内改装后，走私运入中国大陆，再由日本浪人等在各地贩卖。因日本与中国只有一水之隔，毒品输入极为方便，当时主要进口地为青岛、大连和厦门，后来大连逐渐成为日本研制新毒品"红丸"的制造中心。"红丸"是用吗啡加糖精制成的一种剧毒品，最初行销东北各地，继而运入上海，在长江流域销售。同时，日本利用轮船、汽车、火车等近代交通工具贩运毒品。与他国烟贩有所不同的是，日本烟贩将鸦片或毒品打成小邮包，从毒品生产地或日本寄入中国，日本在华邮局为毒品中转之机关，一向不准中国海关检查其包裹邮件。此外，日本利用其在中国的医生、妓女、浪人以各种形式售卖毒品，日本在华所设药房“无一处不卖吗啡”，“凡日本娼妓所到之处，即吗啡所到之处”。在治外法权的保护下，日本人建立了一个庞大的鸦片毒品贩卖网。

## 12.“九一八”事变后，日本对中国实施鸦片专卖政策

从“九一八”事变后到日本投降之前，日本在其占领区大力推行鸦片毒品专卖政策，广大沦陷区烟馆林立，吸食成风。东北成为日本毒品专卖的主要基地。日本早在统治台湾地区期间就取得了鸦片专卖的经验，并于第一次世界大战后向中国大陆推行。“九一八”事变后，在日本卵翼下的伪满洲国全面推行这种专卖制度。1932 年，伪满洲国颁布了《暂行鸦片收买法》《鸦片法》和《鸦片法施行令》，其内容是实行鸦片专卖。1933 年，伪满政府又成立了鸦片专卖公署。1943 年春，日本政府在东京召开鸦片会议，与会者为被日本占领的亚洲各地区代表。会议决定，把中国东北、内蒙古作为鸦片生产基地，供应亚洲各地之需，把生产、贩卖鸦片当作“以战养战”的手段之一，在亚洲占领区强行推广，其重要目的是为日军提供巨额军费，为日本政府提供充裕的财政收入。

在全面抗战爆发之前，日本在中国华北地区滥制和贩卖毒品，天津日租界成为日本浪人制贩毒品的巢穴。全面抗战爆发后，日军占领北平，1937 年 12 月在北平设立以王克敏为首的伪中华民国临时政府，次年 2 月废止南京国民政府禁烟禁毒法令，释放全部毒犯。同年 6 月，正式准许在妓院、旅馆吸食鸦片。此时，侨居北平的日本人由战前的 2000 余人猛增至 1938 年初的 16000 多人，这些人多以开啤酒馆、妓院与烟赌馆为业。他们的住所既是毒品销售店，也是吸毒场所，烟民由日本人发放执照，被视为“良民”。当时，天津、大连、上海并称为世界三大制贩毒品中心，天津著名毒贩“四大金刚”之一的陈昆元勾结日本军官与伪军头目，开设海洛因制造厂，月获利 1000 多万元民国币。1939 年初，在济南的日本、朝鲜贩毒者有 9000 人左右，据估算，华北各省吸食者至少有 170 万人。此时的伪满洲国规定，以鸦片作为社会应酬的必需品，日军在广州以含有海洛因的香烟奖赏中国苦力，在广州和徐州作战时，甚至以鸦片作为中国苦力的工资，或用鸦片购办军粮。日本侵占江浙地区后，在南方沦陷区也实行鸦片专卖。1938 年以梁鸿志为首的日伪南京维新政府成立后，在日本原田中将的授意下设立所谓的戒烟总局，总局之下开办的宏济善堂药房，实为一家大规模的鸦片公司，总管苏浙等地的鸦片贸易。宏济善堂烟土的官土来源初为皖土，后为保证日军开支，从日本大量运进优质波斯烟土。为处理大量积压的波斯烟土，又在上海开设一个大规模的海洛因制造厂，该厂把鸦片制成含有粗海洛因的纸烟，卖给中国人。

日本疯狂推行毒化侵略政策，达到了一石三鸟的罪恶目的。一是导致中国境内鸦片成灾，严重摧残中国人民的身心健康，使中国人变成了“东亚病夫”。如在伪满洲国，烟民人数 5 年内增长了 14 倍。1931 年 1—7 月，哈尔滨城内各街巷发现无主尸体 1993 具，其中 1485 具为吸毒者。1938 年，伪满洲国吸鸦片中毒身亡者有 14 万—15 万人。日军侵华期间，在北平的 150 万人中有 10 万人吸毒，年龄最小的男性和女性分别为 6 岁和 7 岁，年龄最大的男性和女性分别为 77 岁和 66 岁，26—35 岁者占 39%，而华北地区吸毒者约有 100 万人，每年约有 10 万人死于中毒。在开深煤矿 5 万工人中，有 5000—8000 人注射海洛因，经一年半注射，都面临毙命的结果。二是对华鸦片政策给日本带来了巨大利益。日本从 20 世纪初开始，就侵占中国大片国土，随着侵略不断深入，所需经费也越来越多，“以战养战”“以华养华”是其解决财政困难的主要办法。1938 年，日本在华出售鸦片所得相当于本国当年预算收入的28%。在南方,由日本控制的宏济善堂贩卖鸦片收入除少部分留用外,其余大部分解往东京,为日本国内提供巨额经费。日本每年在华北地区贩卖鸦片毒品的收入,可建成当时日本最新型、可载84架飞机的翔鹤型航母16艘,如加上在江浙、蒙疆和东北地区的鸦片利润,则数目更是骇人听闻。三是日本特务机关通过允许贩吸鸦片获得大量情报。日本侵华期间,在台湾地区生产一种金蝙蝠牌香烟,该香烟内含吗啡和海洛因,被偷运到中国大陆。日本向妓院妓女提供这种剧毒香烟,妓女则为日本人充当奸细。日本特务机关的头子土肥原贤二组织中国败类为其效劳,在沈阳、哈尔滨开设妓院作为情报机关,同时贩卖鸦片,引诱中国和"白俄"的告密者沾上烟瘾……妓女每卖给嫖客6袋鸦片烟,自己可得1袋。日本对华实行的毒化政策在配合侵略战争方面起到了重要作用。

## 13.国民党统治大陆期间的禁烟政策

1949年6月3日,就在国民党政权即将结束在大陆的统治之际,李宗仁以代总统名义发表了《六三纪念训词》,一方面宣扬政府禁烟功德,另一方面宣示要继续禁烟禁毒。内政部长李汉魂也发表讲话，提出禁绝烟毒、加强地方权能、发动社会力量 3 点要求，同时希望加强国际合作，禁止华侨吸食烟毒。然而这一切纯属空谈，在政权分崩离析、众叛亲离的局面下，各级官员谁还有心思专注于禁烟禁毒？当时面临全国解放，不少省市还积存部分烟土和毒品，各地方纷纷电函中央政府请示处理办法。之后绝大多数地区都予以自行焚毁。

国民政府在长达 20 多年的禁烟历程中，尽管禁烟章程和法令连篇累牍，禁烟机构叠床架屋，禁烟大员更换频繁，对烟毒泛滥也起到一定遏制作用，但禁烟成效始终不尽如人意，更谈不上禁绝。这虽然反映了禁烟禁毒斗争的任务长期而艰巨，但其主要的原因与税收、吏治和政局有关。首先，由于国民政府把鸦片税收作为一个重要的财政来源，因此不可能真正做到禁绝烟毒。其次，由于吏治腐败，国民政府表面上虽三令五申，但官吏们置若罔闻，我行我素，包庇毒品走私，中饱私囊，怎么可能真正禁烟除弊？最后，国民党统治时期，政局从未稳定过。20 世纪 20 年代国民政府忙于军阀混战和所谓“统一”；20 世纪 30 年代日寇侵华，中后期转入抗战；20 世纪 40 年代抗战胜利后又进行内战终致溃败，退守中国台湾。20 多年政局不稳、政令不一，禁烟禁毒斗争也受到严重影响,以致成效不彰。

## 14. 中华人民共和国成立之初的禁烟禁毒运动

中华人民共和国成立后的 1950 年到 1952 年,全国开展了一场轰轰烈烈的禁烟禁毒运动,肃清了祸害中国 100 多年的鸦片烟毒,使中华人民共和国成为令世界刮目相看的无毒国家。

中华人民共和国成立之初的禁烟禁毒基本分为两个阶段:1950 年 2 月至 1951 年 7 月为第一阶段,1952 年 8 月至 10 月为第二阶段。

1950 年 2 月 24 日,中央人民政府发出《严禁鸦片烟毒的通令》,命令各省市开展禁烟禁毒工作。《通令》主要内容有:一是发动群众禁烟禁毒,并明确由民政、公安机关和人民团体共同组成禁烟禁毒委员会,由民政部牵头负责;二是严禁种、贩、制、售鸦片毒品;三是限期上缴烟土,吸食者登记并限期戒除;四是宣传戒烟药方,配制戒烟药品。以《通令》发布为标志,中华人民共和国的禁烟禁毒运动拉开了序幕。政府随后还颁布了与此相配套的麻醉药品登记、管理等的条例、办法。《通令》下达后,各地纷纷行动,成立禁烟机构,并结合正在开展的土改和剿匪反霸运动破获了一批烟毒案，缴获了大量烟毒品。以鸦片产地而恶名远扬、鸦片产量居全国前列的西南数省，由于种植和吸食毒品的人数太多，而禁毒的人力、物力等又有限，因此政府把禁毒初期的重点放在流通环节，着重打击贩运及出售毒品的罪犯，时称“拦腰一棍”，使种鸦片的卖不出去，吸鸦片的又买不着，因而成效显著，仅 1 年就基本禁绝了鸦片种植。到 1952 年，东北、华北、华东、西北四个地区共缴获毒品（折合鸦片）约 24473308 两。全国除边疆少数民族地区和内地偏僻地区尚有少量偷种外，其余地区种植罂粟已成历史，贩运、吸食烟毒者也大为减少，但残存的毒犯更狡猾，危害更大，其贩毒行为显现出以下特点：一是毒源主要来自国外和过去遗存的毒品；二是毒犯大多为要犯、惯犯，大部分是流氓，地痞，敌伪军、警、宪，地主恶霸，反动帮会，特务，等等，如四川泸州市的 1505 名毒犯中，上述人员即占 97.7%；三是毒犯行动诡秘，以团伙为主，还腐蚀拉拢国家机关公职人员下水。有鉴于此，结合抗美援朝、土地改革、镇压反革命和“三反”“五反”运动，中央决定集中力量开展禁毒斗争。

1952 年 4 月到 10 月，禁烟禁毒运动掀起高潮，尤其是 8 月到 10 月，在全国范围内开展了一场围剿毒贩的歼灭战。

1952 年 4 月 15 日，中共中央颁发的《关于肃清毒品流行的指示》指出，在全国范围内有重点的、大张旗鼓地发动一次群众性运动，来一次集中的、彻底的扫除鸦片运动。5 月 21 日，政务院发布《严禁鸦片烟毒的通令》，再次要求各级政府开展广泛的群众性反毒运动，清除“旧社会的恶劣遗毒”。6 月 10 日，中央政府作出部署，决定这次禁烟运动主要由公安部负责，有关部门配合。中央指定彭真定期召集相关部委汇报、研究、处理有关事宜。7 月 30 日，中央批准了公安部全国统一行动的报告，对禁毒运动作出部署，分 3 期进行：第一期为“大破案”，即先逮捕、审讯一批有证据价值的毒犯；第二期为“继续深入和铺开其他重点”；第三期为“追捕漏网毒犯和处理结束工作”。要求大行政区和省市每 5 天向公安部汇报一次情况。同时对惩治毒犯的具体政策作出规定，强调对毒犯处理可稍轻于惩治反革命分子，但必须严于“三反”“五反”中的盗窃犯。各省市于 8 月中、下旬两次逮捕烟毒犯，结合公判大会，动员群众检举揭发，不少省市于 9 月初又进行了第三次大搜捕。12 月底以前对各类烟毒犯分别作出处理。由于这次运动充分调动了人民群众的积极性，各级政府高度重视，通过 3 个月肃清烟毒的集中行动，除边疆少数民族地区外，在全国基本上肃清了毒品。

## 15. 中华人民共和国“三年禁烟禁毒运动”的成效和经验

经过 3 年各种社会改革运动，大批制造、贩卖、运送毒品的毒犯受到了惩治，但残存的毒犯仍然大量存在，危害严重，必须有重点的、分期分批开展禁毒运动。根据公安部统一部署，全国 1202 个禁毒重点部门和地区先后经过 3 期破案行动，到 1952 年 11 月底，全国共发现制造、贩卖、运送毒品的毒犯近 37 万人，其中被捕者 82056 人，占毒犯总数的 22%，依法处理 51736 名；被捕毒犯中处决 880 人（占被逮捕人数的 1%），判刑 33786 人，劳改 2138 人，管制 6843 人，释放 3534 人，未报分类统计的 4337 人；集中行动期间，共缴获近 400 万两毒品（折合鸦片）和大批制贩、吸食毒品的工具，“禁毒运动”胜利结束。综观全国，除甘肃、四川、湘西、广西等少数民族聚居区禁烟禁毒时间延长到 1956 年和 1957 年外，绝大部分省、市、区到 1952 年底便已全部肃清了鸦片毒品，仅仅 3 年时间，中华人民共和国就清除了遗留百年的毒品问题，以“无毒国”的崭新面貌屹立于世界东方，创造了世界禁毒史上的奇迹！

中华人民共和国禁烟禁毒之所以成功，除了中共中央、政务院及各大军政委员会、各省市颁布了一系列严厉的法令、指示、意见并将其切实贯彻执行外，还有一个十分重要的原因，即充分依靠和发动人民群众，广泛调动了人民群众参与禁毒运动的积极性。据不完全统计，各省市共召开各种宣传动员大会 765428 次，直接受教育者近 7500 万人；全国共收到群众检举信 131 万余封，共检举毒犯 22 万余名；迫于压力向政府坦白悔过、前往登记的烟毒犯达 345463 名。如云南丽江等县，由街（村）民会及妇女、青年等群众组织自发成立反赌博、反抽大烟、反懒惰的“三反委员会”，促使 80%的 40 岁以下烟民断了瘾；四川广安县各地群众送礼物、写信慰问和劝告施戒烟民，在政府动员和群众关怀下，很多烟民幡然悔悟，有的屡戒不绝的老烟民深受感动，甚至在进戒烟所时就备好了棺材，以表示戒烟的决心。对于运动中群众检举揭发出来的贩运烟毒集团，政府都依法给予了严厉惩治。如身兼武汉市工商联筹委会主任委员、中南军政委员会委员、武汉市人民政府委员和各界人民代表会议代表的贺衡夫其实是一大盗窃集团的头目，该集团丧心病狂地贩卖大量吗啡、海洛因等毒品，有时用奶粉袋装白粉，有时用罐头桶装运吗啡、红丸，在运动中被群众举报，贺被撤职法办；在西安市，群众检举的大毒贩苗绍温被处决；在天津市，群众揭发了大毒贩石子文、刘树人等人的罪行，石、刘均被处决；在南京市，群众先后检举揭发了号称“四大金刚”中的项福如、王春芳及“湖北帮”大毒贩李玉先，3 人均被处死。当时，人民群众检举毒犯的消息经常见诸报端，举不胜举。实践表明，群众最了解烟毒泛滥情况，只有依靠群众、发动群众才能从根本上肃清烟毒。

经过 3 年的不懈努力，在中国共产党和各级人民政府的领导下，中国人民终于洗刷了“东亚病夫”的耻辱，在中国禁毒史甚至世界禁毒史上都写下了光辉的一页。正如邓小平所说：“吸鸦片烟、吃白面，世界上谁能消灭得了？国民党办不到，资本主义办不到。事实证明，共产党能够消灭丑恶的东西。”

# 第二章

## 毒品之害

贩毒必究
中国国家禁毒委员会
CHINA NATIONAL NARCOTICS CONTROL COMMISSION
N.N.C.C.

## 1.毒品的定义

关于毒品，世界各国尚无统一定义，在英语中，毒品(Drug)一词含有毒品与药品两种意思，分为“Legal drugs”与“Illegal drugs”。一般来说，在英语国家，酒、烟草、咖啡和一些准予处方的药物等为“Legal drugs”，而除此之外的绝大多数“Drug”都是“Illegal drugs”。在我国，“毒品”并不是一个医学概念，它既不是指氰化物、砒霜、敌敌畏等能在短时间内直接致人死亡的剧毒品，也不是指在临床中使用的全身麻醉药或局部麻醉药(如乙醚、普鲁卡因、利多卡因等)。我国毒品的概念是以法律的形式来规定的，《中华人民共和国刑法》第三百五十七条规定：毒品是指鸦片、海洛因、甲基苯丙胺(冰毒)、吗啡、大麻、可卡因以及国家规定管制的其他能够使人形成瘾癖的麻醉药品和精神药品。

从以上规定可以看出，我国的毒品概念具有法律与医学的双重属性,也可以这样理解,我国的毒品是指法律明文管制的致依赖性的药品。这一规定是参照联合国有关禁毒公约的规定和我国近年来打击毒品犯罪、戒毒治疗的实际情况制定的,它界定了毒品与非毒品的区别,指出了毒品的本质特征。

## 2. 毒品的种类

毒品种类繁多,其分类方法也有多种,国际、国内及不同人群出于不同的需要、目的,对毒品进行不同分类,了解这些分类方法对于加深对毒品的认识有一定的帮助,现介绍如下。

我国的分类:根据原国家食品药品监督管理局公布的《麻醉药品品种目录》《精神药品品种目录》,我国把毒品分为麻醉药品和精神药品两大类。《麻醉药品品种目录》共列出121 种麻醉药品,其中比较常见的麻醉药品有海洛因、吗啡、大麻、可卡因、美沙酮、二氢埃托啡、哌替啶等。《精神药品品种目录》共列入 149 种精神药品,其中第一类精神药品 68 种,第二类精神药品 81 种。合成毒品 K 粉、冰毒、摇头丸、三唑仑等属于第一类精神药品;安定、氯硝西泮、阿普唑仑、巴比妥等属于第二类精神药品。

国际分类:根据联合国有关公约的规定,国际上通常把毒品分成 8 大类,即阿片类、可卡因类、大麻类、中枢神经兴奋剂、酒及镇静催眠剂、致幻剂、挥发性有机溶剂和烟草。

其他分类:除以上两种主要的分类方法外,还有以下几种分类方法。

(1)根据毒品的来源不同,可分为天然毒品、半合成毒品、合成毒品。天然毒品是指直接从毒品原植物中提取的毒品,如阿片、大麻等。半合成毒品是指由天然毒品与化学物质反应后合成的一类新毒品,如二乙酰吗啡(海洛因)、二氢吗啡酮等。合成毒品是指完全用化学合成的方法所制得的毒品,如甲基苯丙胺、氯胺酮等。

(2)根据毒品的成瘾性强弱,可将毒品分为硬性毒品与软性毒品。硬性毒品即烈性麻醉品,如阿片、吗啡、海洛因、可卡因等。软性毒品即温和麻醉品,如大麻、甲丙氨酯、咖啡因等。大麻是温和麻醉品,但它又是烈性麻醉品的诱导剂。

(3)根据毒品对中枢神经系统的作用不同,可将毒品分为麻醉剂(如海洛因、吗啡、哌替啶)、兴奋剂(如可卡因、甲基苯丙胺)、镇静剂(如安定、利眠宁)、致幻剂(如麦角酸二乙基酰胺、苯环己哌啶)等四类。

(4)根据是否为各国法律所管制,可将毒品分为合法毒品与非法毒品。合法毒品是指烟草、酒精、咖啡因,三者都具有一定的精神依赖与躯体依赖潜力,但因为三者的产量、销售、消费的规模都太大,又已经完全成为全世界各种文化的构成部分,且危害相对较轻,所以在大多数国家它们都是合法的。非法毒品是指海洛因、大麻、冰毒、摇头丸、可卡因等为世界各国管制、禁止的成瘾性药品。各国法律对于合法毒品的界定并不完全相同,其中宗教、习俗的作用不容低估——比如酒精。

## 3.世界三大毒源地

世界上三大毒源地区是指“金三角”毒源地、“金新月”毒源地和“银三角”毒源地。

(1)“金三角”毒源地

传统意义上的“金三角”即狭义的“金三角”,位于东南亚中南半岛北部的缅甸、泰国和老挝三国北部交界处,为湄公河(在我国境内称为澜沧河)和南拉河汇流处,西起大其力,东至孟林,南到夜赛河的一块冲积三角洲,是亚洲东部最大的毒源地。广义上的“金三角”范围包括缅甸东北部的掸邦、克钦邦及萨尔温江两岸，泰国西北部的清莱府、夜丰颂府、清迈府，以及老挝的琅南塔省、丰沙里省、乌多姆赛省、琅勃拉邦省西部及南塔河沿岸，面积约 20 万—50 万平方千米。

(2)“金新月”毒源地

“金新月”是指伊朗、阿富汗、巴基斯坦三国边境地区一块狭长的山谷丛林地带。由于这一地区地处各国边境，从地图上看酷似一轮弯月，故被形象地称为“金新月”。它主要包括伊朗的俾路支斯坦省、巴基斯坦西北部边境省和俾路支省、阿富汗的雷吉斯特和努里斯坦等地区。这里主要居住着半农半牧的率瓦里、阿夫里迪、稷曼德等山地部落。这些部落自由来往于三国边界地区，三国政府都难以对其进行有效管理。

(3)“银三角”毒源地

“银三角”是指拉丁美洲毒品产量集中的哥伦比亚、秘鲁、玻利维亚和巴西所在的安第斯山和亚马孙地区。这一地带总面积在 20 万平方千米以上，因盛产可卡因、大麻等毒品而闻名，是世界上最大的可卡因产地和供应地，可卡因产量占全球的 90%以上。

## 4. 麻醉药品

麻醉药品是指对中枢神经有麻醉作用，连续使用后易产生躯体依赖性、能形成瘾癖的药品。麻醉药品类毒品可分为3大类。

(1)阿片类：包括阿片（鸦片）、吗啡、海洛因、美沙酮、哌替啶、盐酸二氢埃托啡（DHE）、可待因等。阿片类药物具有镇痛、镇静、止咳、止泻、致欣快作用，2010年以前我国的吸毒者主要吸食此类毒品中的海洛因。阿片类麻醉药品依其化学结构又可分为5小类，除阿片生物碱外，其余均为人工合成的化合物。

①阿片生物碱及其衍生物。阿片内含有20余种生物碱，总称为阿片生物碱。根据阿片生物碱化学结构的不同，可分为菲类生物碱和苄基异喹啉类生物碱。菲类生物碱包括吗啡、可待因、蒂巴因（其主要衍生物有丁丙诺啡、纳曲酮、盐酸二氢埃托啡）等。吗啡主要用于镇痛。可待因的镇痛效力较弱，临床上主要用于镇咳，成瘾性较低。蒂巴因是一种强效致惊厥药，没有临床用途，但它的衍生物用途广泛。苄基异喹啉类生物碱包括罂粟碱、那可汀、那碎因、劳丹诺辛

等。其中,罂粟碱无镇痛功效,主要作用是松弛包括微动脉在内的所有平滑肌,用于解痉、扩张血管。以上阿片生物碱以吗啡和可待因最为重要,分别占阿片生物碱的10%—15%和0.5%。②苯哌啶衍生物。如哌替啶、芬太尼、安侬痛等。③二苯甲烷衍生物。如美沙酮、美沙醇、丙氧芬等。④吗啡喃衍生物。如左吗喃。⑤苯并吗啡烷衍生物。如非那佐新、镇痛新等。

(2)可卡因类:包括古柯叶、可卡因、克赖克等,由生长在南美洲的灌木古柯树的叶片加工提取而成。此类毒品的精神依赖性非常强,耐受性形成迅速,反复使用可引起躯体依赖,但不及阿片类严重。目前我国此类药物滥用的报告极少,但在沿海地区的吸毒者特别是在华外国人中有一定的吸食比例。

(3)大麻类:包括大麻烟、玛莉华纳、哈希什、大麻脂等,均来自一种叫作大麻的植物。大麻烟由大麻直接干燥后制成,玛莉华纳由大麻茎及叶加工制成,哈希什由大麻雌株顶部的花和部分叶片加工制成,大麻脂由大麻的果实和花顶部分经压搓后渗出的树脂制成,其主要成分均为δ-9-四氢大麻酚。大麻的耐受性和躯体依赖性产生较慢,也不严重。

## 5. 精神药品

精神药品是指直接作用于中枢神经系统,使之兴奋或抑制,连续使用能产生依赖性的药品。精神药品类毒品可分为以下 3 类。

(1)中枢神经兴奋剂:包括苯丙胺(AA)、甲基苯丙胺(冰毒、MA)、匹莫灵、利他灵、3,4-亚甲基二氧基甲基苯丙胺(摇头丸、MDMA)、3,4-亚甲基二氧基苯丙胺(MDA)等。这是一类人工合成的化学物质,可使中枢神经兴奋,使用后可引起高度警觉、注意力集中、活动增加、睡眠减少、食欲抑制、心慌和血压升高等。利他灵和匹莫灵主要用于治疗突发性猝倒、嗜睡综合征和儿童多动症。

(2)中枢神经抑制剂:指用于镇静、催眠,治疗焦虑,解除肌肉痉挛,控制癫痫发作的一类处方药——镇静催眠剂。此类药物品种众多,可以分为两类:巴比妥类和苯二氮䓬类。在我国,此类吸毒者大部分是因治疗失眠而成瘾的,在吸毒人群中镇静催眠剂滥用和依赖的发生率远远高于一般人群。目前在社会上被滥用的主要为硝甲西泮。

(3)致幻剂:是一类在不影响意识的前提下改变人的知

觉、思维和情感活动的药物，包括麦角酰二乙胺（LSD）、二甲基色胺、苯环己哌啶（PCP）、麦司卡林（南美仙人球碱）、西洛西宾等。滥用后可产生幻觉、错觉、空间定向障碍、情感反应强烈、活动增多、记忆力减退、自我评价受损、被害妄想和冲动伤人等不良反应。目前，我国关于致幻剂滥用的报告较少。

## 6.鸦片

鸦片又称阿片，俗称大烟、鸦片烟、烟土等，是拉丁文Opium的音译，含“浆汁”之意。鸦片是阿拉伯医术中的重要药材，公元8世纪前后传入伊朗、印度、中国。据考证，传入中国的鸦片是于唐朝（618—907）由阿拉伯商人带入的。那个时候，阿拉伯国家正在向外扩展并与印度和中国订立了贸易合同，鸦片是阿拉伯商人交易的物品之一，同时他们也出售罂粟种子，于是这些国家开始了栽培罂粟的历史。公元10世纪，中国医学著作中也提到了鸦片。

鸦片有生鸦片和熟鸦片之分。生鸦片来自植物罂粟。罂粟最早产于几千年前的一个炎热、干旱的中东国家，大约在公元前1600年前后，一些土著发现在植物罂粟持续一年的生长期中，从花瓣凋谢之后到荚果成熟之前这 7—10 天内，会产生一种食用后能够减轻痛苦的物质，这就是生鸦片。罂粟属一年生草本植物，株高 1—1.5 米，全株无毛，叶片呈椭圆形或长卵形，基部抱茎，银绿色，边呈锯齿状。每年 10—12 月播种，次年 4—5 月开花，花大型，单生枝顶，萼片 2 枚，早落，花瓣数片，呈红、黄、白、紫等颜色，色彩鲜艳美丽。初夏罂粟花落，花落后结出绿色蒴果，大小和形状与鸡蛋相似。在绿色蒴果的壁体中有一种乳白色的浆汁。约半个月后蒴果接近完全成熟之时，用刀在罂粟果表面割出一道道刀口或用竹针扎出一个个针孔，渗出的乳白色汁液经自然风干凝聚成黏稠的膏状物，其颜色也从乳白色变成深棕色，这些膏状物用烟刀刮下来就是生鸦片。生鸦片有强烈的类似氨或陈尿的刺激性气味，味苦，长时间放置后，随着水分的逐渐散失，慢慢变成棕黑色的硬块，形状不一，常以球状、饼状或砖状出售。

生鸦片一般不直接吸食，尚需经烧煮和发酵进一步精制成熟鸦片方可使用。熟鸦片呈深褐色，手感光滑柔软。鸦片内含有 30 多种生物碱，其含量占总量的 25％左右，分菲类和苄基异喹啉类。菲类生物碱主要为吗啡，含量约 10％—15％，此外，还有少量的那可汀(约 3％)、可待因(约 0.5％)及蒂巴因(约 0.2%)等。苄基异喹啉类生物碱主要为罂粟碱(约 1%)。

吸食鸦片类毒品后,其主要成分吗啡迅速被胃肠道黏膜、鼻黏膜及肺等部位吸收,通过血液分布到脑、肝、肺、肾、脾等实质器官和全身肌肉、脂肪组织。一般来说,最初吸食几口鸦片会令人不适,使人头晕目眩、恶心或头痛,但吸食者随后可体验到一种欣快感。吸食鸦片者在相当长的时间内尚能保持正常的职业和智力活动,但如果长期吸食,会使人精神颓废、瘦弱不堪、面无血色、目光发直发呆、瞳孔缩小、对外界事物漠不关心,极易感染各种疾病,寿命也会缩短。过量吸食鸦片会导致人因急性中毒、呼吸抑制而死亡,但这类事件为数不多。

## 7.吗啡

吗啡是鸦片中所含的一种主要生物碱,约占 10%—15%。它于 1803 年由德国化学家 F. 泽尔蒂纳首次从鸦片中分离并提取,当时他用分离得到的白色粉末在狗和自己身上进行实验,结果狗吃下去后很快昏昏睡去,用强刺激法也无法使其兴奋苏醒,他本人吞下这些粉末后也进入长时间的睡眠。据此，他用希腊神话中的睡眠之神吗啡斯(Morphus)的名字将这一物质命名为“吗啡”，后来才演变为“Morphine”，义为“梦神”或“睡眠之神”。F. 泽尔蒂纳的研究笔记于 1805 年发表，这份包括 50 多次试验的报告清楚地表明，他分离出了鸦片中首要的活性成分，这些活性物质具有 10 倍于鸦片的效力。但这份报告并没有引起人们的关注，直到他于 1817 年在《自然科学年鉴》上再次发表长篇报告之后，这项发现的重要性才引起广泛关注。这种新物质的使用进展比较缓慢，1827 年，创建制药王国的默克公司开始了吗啡的规模化商业生产。吗啡的巨大医学价值直到 1831 年才被发现，法国政府为此授予 F. 泽尔蒂纳价值等同于诺贝尔奖的奖励。到 19 世纪初，吗啡滥用波及世界许多地区。

吗啡的盐酸盐为白色有丝光的针状结晶或呈结晶状粉末，味苦有毒、无臭，遇光易变质，易溶于水，微溶于乙醇，易吸潮。随着杂质含量的增加，其颜色逐渐加深，粗制吗啡为咖啡样的棕褐色粉末，医用吗啡一般为吗啡的硫酸盐、盐酸盐或酒石酸盐，易溶于水，常制成白色小片或溶于水后制成针剂。

吗啡滥用者多数采用静脉注射的方法，在同样重量、纯度下，静脉注射吗啡的效果比吸食鸦片强烈 3—4 倍。

## 8. 大麻

大麻又名线麻、白麻、火麻，系桑科大麻属，一年生草本植物，雌雄异株，雌株称为籽麻，雄株称为花麻。大麻为圆锥根系，主根入土达 1 米以上，侧根多分布在土地表面以下 20 厘米之内。大麻雄花为圆锥花序，雌花为穗状花序。依据大麻的生育特点可把它的一生划分为苗期、旺长期、成熟期。苗期是指从出苗到苗高 30—40 厘米时期，地上部分生长缓慢，根系发育较快。旺长期是指从株高 40 厘米左右至开花时期，茎秆生长迅速，是形成纤维的关键时期。成熟期是指雄株从开花到花谢，雌株从开花到种子成熟的时期。

大麻的用处很多，其纤维适宜加工制造绳索、麻线、细麻布等；大麻种子含油量为 30%—35%，可用于制造肥皂、油漆等；大麻全草可入药，有利尿、镇静、麻醉等作用。中医认为，大麻仁可润燥、滑肠、通淋、活血。经研究发现，大麻还可用作癌症病人化疗时的抗恶心药，也可用于降低青光眼病人的眼压。我国现存最早的药学专著《神农本草经》中有“麻贲（大麻仁带壳称“麻贲”）多食，人见鬼，狂走，久服通神明”的记载。《三国志 · 魏书》也有华佗用“麻沸散”进行外科手术的记载。以上记载说明大麻内含有精神活性物质。

大麻植物中的化学成分十分复杂，现已查明的化学物质有400多种，其中仅大麻酚及类衍生物就有60多种。大麻中最主要的精神活性物质是四氢大麻酚（THC）、大麻二酚（CBD）、大麻酚（CBN）及相应的酸。四氢大麻酚含量以雌花为高，且在大麻的不同部位，其含量也不尽相同，一般按苞、花、叶、细茎、粗茎、根和种子的顺序递减。在新鲜或正在生长的大麻植株中，四氢大麻酚常以大麻酸的形式存在，大麻植株及其提取物在干燥、加热或焚烧成烟后，其中的大麻酸便转化为四氢大麻酚。

四氢大麻酚为油状液体，不溶于水，易溶于氯仿、石醚等有机溶剂。四氢大麻酚可通过抽吸大麻烟、饮用大麻饮料、吞服和注射大麻制剂等途径进入人体。四氢大麻酚对人体有多种危害：导致短期的记忆力丧失；损害人类染色体；损害免疫系统的功能；影响生育和泌乳；损害支气管和肺；导致精神病。长期摄入大麻及其制品，可导致缺乏动机综合征。此外，大麻花粉为过敏原，可引起过敏性鼻炎、支气管哮喘。

## 9. 可卡因

在南美洲的安第斯山脉北部和中部，生长着一种热带山地常绿灌木——古柯树，它性喜温暖、潮湿，株高约 2—4 米，树干上有硬而光滑的皮，皮上有红色斑点，树叶茂密，叶长 3—7 厘米，顶尖，呈长椭圆形，深绿色，边缘光滑，形状和味道均类似茶叶。古柯树花小，每朵五瓣，花色黄白。果实呈红色，核内含一枚种子。古柯树根系发达，生命力强，每年可采摘古柯叶 3—4 次，一般在 3 月、6 月、9 月、11 月采摘，每棵树约可采摘 40 年。

古柯主要产地为秘鲁、玻利维亚、巴西、智利和哥伦比亚等国。有野生的，也有种植的，野生古柯树叶中可卡因含量较高，约 1%；种植的古柯树叶中可卡因含量较低。

可卡因俗称“可可精”，学名苯甲基芽子碱，是成瘾性最强的毒品之一，易进入脑组织，为中枢神经兴奋剂，也是一种局部麻醉剂。1860 年，德国化学家尼曼从古柯树叶中分离出可卡因，其盐类为白色晶体状粉末，无气味，味略苦而麻，易溶于水和酒精，在溶液中加热易分解，半衰期 20—30 分钟，脂溶性强。常见的可卡因制剂有古柯叶和古柯茶、古柯膏、可卡因游离碱（克赖克）、巴苏克（粗制可卡因）。可卡因一般以咀嚼古柯叶、鼻吸、静脉注射等方式滥用，也可性器官给药、口服、抽吸（克赖克）。其滥用方式分为尝试性滥用、情景性滥用和强制性滥用 3 种。

可卡因对人体可产生多种作用，包括中枢神经兴奋作用，如使人提高警觉、产生愉快感、精力旺盛、自我感觉良好、自信心增强，能较长时间从事紧张的体力和脑力劳动，甚至能胜任繁重的、平时不能承担的工作；可阻断神经传导，产生局部麻醉作用，对眼、鼻、喉黏膜神经的效果尤其明显，在早期曾被广泛用作眼、鼻、喉等五官外科手术的麻醉剂，但由于可卡因盐酸盐的不稳定性及表面局部麻醉会引起角膜混浊，现在临床上已经使用新的、毒副作用更小的麻醉药；对心血管系统的毒性作用明显，可引起心律失常、左心室扩大、血管收缩、血压升高、心肌梗死、冠状动脉硬化、脑血管意外、肠道缺血等，也可升高体温、诱发癫痫、抑制食欲。可卡因还可降低肺脏一氧化碳的扩散能力，引起剧烈胸痛、呼吸困难。

可卡因有很强的心理依赖性，长期吸食可导致精神障碍，使人出现幻听、触幻觉与嗅幻觉，最典型的是让人感觉皮下有虫行蚁走感，奇痒难忍。长时间大剂量使用后突然停药，会出现抑郁、焦虑、易激惹、疲乏、失眠、厌食等症状。长期吸食者会有一些特有的体征，如鼻中隔穿孔、角膜炎和因过度磨牙而造成牙齿损伤等。人们一度曾认为可卡因有益于健康，因此当时许多药物中都含有可卡因，甚至还生产了大量的可卡糖、可卡滋补品、含可卡因的可口可乐。一直到

1912 年,可卡因对人体的毒性作用(心脏毒性、致死性)才被发现和证实。因此,世界上大部分国家将可卡因列入慎用、限用和管制药品范围。

## 10. 海洛因

海洛因即二乙酰吗啡,鸦片系列毒品中最纯净的精制品,是 2010 年以前我国吸毒者吸食和注射的主要毒品,又称“白粉”“四妹”“白面”“小四”“老海”“吊数”等。1874 年,英国伦敦圣玛丽医院的医师 C. R. 莱特在实验室中将无水吗啡与醋酸酐相作用,首次提炼出镇痛效果更佳的半合成衍生物——二乙酰吗啡。伦敦奥文大学经分析检测,认定此物质具生物活性,可以止痛、抑制呼吸与降低血压。1898 年,德国拜尔药厂将其注册为商品名海洛因(Heroin),意为“女英雄”,主要用于止痛。1906 年,美国医学会批准海洛因可在美国广泛使用,并建议用于治疗吗啡依赖。不料,海洛因的成瘾性显著高于吗啡,很快,海洛因被广泛滥用。面对日趋恶化的海洛因成瘾问题,1912 年召开的海牙禁毒国际会议要求对阿片、吗啡、海洛因的贩运实行管制。1924 年,美国参议院、众议院通过立法,禁止进口、制造和销售海洛因。但为时已晚，海洛因滥用已流毒于世界，成为人类健康的公敌。纯净的海洛因为白色、有苦味的粉末，水溶性较大，脂溶性极强，易溶于有机溶剂，易吸潮，故多用玻璃纸或锡箔纸包装，以保持干燥。非法生产的海洛因大多以阿片或吗啡为原料，以比较简陋的方法制得，纯度并不太高，再加上在非法贩运和走私过程中大小毒贩的层层掺杂，一般毒品黑市上的海洛因含量为10%—40%，由于其添加剂的种类繁多，故其颜色和性状差异较大。在毒品黑市上，通常把鸦片叫作Ⅰ号海洛因，呈黑色或褐色。把鸦片制成吗啡这一过程的中间产物叫作Ⅱ号海洛因，呈浅灰色或深褐色。Ⅲ号海洛因又被称为“金丹”“香港石”“棕色糖”“白龙珠”等，是将盐酸吗啡经化学处理产生二乙酰吗啡后，再添加大量的稀释剂（如士的宁、喹咛、莨菪碱、阿司匹林、咖啡因等）而制成的颗粒状毒品，有时也呈粉末状，颜色从浅灰色到深灰色不一，Ⅲ号海洛因中二乙酰吗啡和单乙酰吗啡的总含量一般为25%—45%。Ⅳ号海洛因是盐酸吗啡经乙酰化反应后不对其进行稀释，而是提纯，然后经过沉淀、干燥制成，是目前非法流通量最大的阿片类毒品。在“金三角”一带，Ⅳ号海洛因被称为“四姑娘”“四小姐”“四妹”，其二乙酰吗啡含量一般在80%以上，最高可达99%，纯或高纯的Ⅳ号海洛因是一种白色、无味的粉末，且非常细腻，擦在皮肤上会消失，但如果制造过程把控不严，则会呈浅黄色、粉红色、沙色、棕色的粗糙粉末或呈颗粒状。一般所说的Ⅳ号海洛因实际上并非真正的Ⅳ号海洛因，而是在Ⅳ号海洛因中加入了各种添加剂后形成的粉状或块状物，其海洛因含量多在10％—30％，有的甚至仅为3％左右。在美国，这种“Ⅳ号海洛因”通常被称为“街头海洛因”，在我国某些地区则被称“零包”“小包”。现在毒品黑市上已出现Ⅴ号海洛因，据说其纯度高达99.9％，主要供高阶层吸毒者消费。但国际上对海洛因的鉴定只定性不定号。

海洛因可口服、烫吸、肌肉注射、皮下注射和静脉注射，其中以烫吸、静脉注射比较常见。

海洛因进入人体后，首先被水解为单乙酰吗啡，然后再进一步被水解成吗啡起作用。因为海洛因的水溶性、脂溶性都比吗啡大，故它在人体内吸收更快，易透过血脑屏障进入中枢神经系统。高纯度的海洛因具有比吗啡更强的抑制作用，其镇痛作用为吗啡的4—8倍，人体对其的依赖性是吗啡的5倍以上，常用剂量连续使用4天甚至更短时间即可成瘾。

我国海洛因的主要毒源地是位于东南亚的泰国、缅甸、老挝三国接壤的“金三角”地区和位于西南亚的伊朗、巴基斯坦、阿富汗三国交界的“金新月”地区。

## 11.冰毒

冰毒又名甲基苯丙胺、去氧麻黄碱，属苯丙胺类兴奋剂的一种，纯品为无味或微有苦味的结晶体，因其外观形似冰，故俗称“冰毒”，有胶囊、粉剂、小块等多种形式，可抽吸、鼻吸、口服和注射。

甲基苯丙胺由日本化学家于 1919 年首次合成，主要用于治疗哮喘和鼻炎。第二次世界大战期间，日本军队曾给士兵服用甲基苯丙胺以提高战斗力，德国军队在炎热的北非沙漠中也曾使用甲基苯丙胺以增强军队的持久作战力。甲基苯丙胺于 1940 年在日本上市，1945 年被确定为易滥用成瘾药品，1951 年日本实行国内管制，1971 年被列为国际管制名单。

甲基苯丙胺滥用在我国并非近年才出现，20 世纪 50 年代，我国重庆市一家药厂就曾生产过“抗疲劳素片”，其主要成分即为甲基苯丙胺，1951 年在重庆出现过吸食成瘾人群。1962 年，在山西、内蒙古等地也发生过滥用的问题，后来国家禁止去氧麻黄素的生产、销售与使用。

甲基苯丙胺的兴奋作用强于苯丙胺，可能是因为它易透过血脑屏障。其半衰期为 11—12 小时，尿 pH 值降低时，半衰期缩短，原型药排出增多；易溶于水、乙醇和氯仿；当甲基苯丙胺被加热到 200—400℃时，98％完全挥发，而在相同温度下，苯丙胺只有 0.7％—1.5％挥发。

冰毒主要流行于日本、韩国、菲律宾、瑞典、中国台湾等国家和地区，我国大陆的冰毒滥用情况近几年也在不断增加。

## 12. 摇头丸

最初在我国被称为“摇头丸”的是指以 MDMA、MDA 等苯丙胺类兴奋剂为主要成分的丸剂。目前常被滥用的摇头丸成分更为混杂，除 MDMA、MDA 等成分外，还常含有冰毒、氯胺酮、麻黄素、咖啡因、解热镇痛药等毒品和药物，从而增强摇头丸的致幻、兴奋及对人体的毒性作用。

MDMA 由德国 Merck 公司于 1912 年首次合成，1914 年获得专利，1978 年其首次被报道具有使人敞开心扉、促进交流、松弛情绪的作用。因此，MDMA 曾一度作为辅助药物用于心理治疗。20 世纪 80 年代，MDMA 作为致幻剂在美国出现流行性滥用，1985 年 7 月美国禁毒署(DEA)将其列入管制药品法(CSA)表 I 管制。

MDMA 是甲基苯丙胺的衍生物,也是一种中枢神经兴奋剂,兼有致幻作用,又称“迷魂药”“甩头丸”“快乐丸”“疯丸”等,常被制成颜色、图案各异的片剂和胶囊,据统计有 200 多种。

作为兴奋剂,MDMA 的兴奋作用要比可卡因或苯丙胺低;作为致幻剂,MDMA 不会产生 LSD 那种令人震惊的感觉,故 MDMA 被认为是一种被驯化了的致幻剂。MDMA 的药理作用包括改善情绪、增进信任、密切关系、增强感知觉;有的人服用后表现为情感冲动、兴奋、自我约束力下降、听到音乐后摇头不止,并有暴力倾向;还有的人服用后会出现记忆缺损、精神病症状、心率加快、血压升高、牙关紧闭、视物模糊等症状。

MDMA 的中毒表现有:心脏病发作(如室颤、心律失常、心肌缺血);高热综合征、代谢性酸中毒、弥漫性血管性凝血、急性肾功能衰竭;中毒性肝炎、肝功能衰竭;多种毒品合并滥用过量中毒;精神失常和意外事故。以上原因均可致猝死。

## 13. K 粉

K 粉的化学名称为氯胺酮,又名开他敏,多为白色粉末,俗称“K 粉”。由于服用 K 粉后会使人变得迷糊,K 粉成了一些不法之徒迷奸女性的工具,故 K 粉又被称为“失身药”“迷糊药”。

氯胺酮于 20 世纪 60 年代在美国被人工合成,最初用途是兽用麻醉剂,越南战争时期被作为麻醉药广泛应用于野战创伤外科手术。氯胺酮滥用已有近 50 年的历史,1971 年,美国旧金山和洛杉矶首次报告了氯胺酮滥用病例,此后,粉剂、片剂氯胺酮陆续出现在街头毒品黑市中。近年来,随着“俱乐部药”“舞会药”在欧美国家的流行,娱乐性场所使用氯胺酮的现象日益严重,氯胺酮滥用现象主要出现在一些通宵跳舞的娱乐场所。1999 年以来,氯胺酮相继流入日本、泰国、中国。除中国香港地区将其列为一类药品管制外,2001 年 5 月 9 日,国家药品监督管理局也将氯胺酮列入二类精神药品管理,2004 年 7 月又将氯胺酮升级为一类精神药品管理。K 粉的吸食方式有鼻吸、抽吸或溶于饮料内饮用,通常与海洛因、摇头丸、冰毒、大麻等毒品合并使用。

氯胺酮属中枢神经系统抑制剂。一方面,该药可选择抑制丘脑-新皮质系统,选择性阻断痛觉,故具有止痛的药理作用;另一方面,该药对边缘系统起兴奋作用,使痛觉消失、意识模糊而不是完全丧失,使人处于浅睡眠状态,对周围环境的刺激反应迟钝，意识与感觉分离，这种现象被称为“分离性麻醉”，又因其可导致肌张力增加，造成肌肉强直或木僵，故亦称“木僵样麻醉”。

氯胺酮的不良反应和剂量有关，主要包括两方面：一是精神、神经系统，表现为鲜明的幻觉、错觉、分离状态、尖叫、兴奋、烦躁不安；二是心血管系统，使主动脉压、心率和心脏指数增高。氯胺酮的梦幻作用是导致其滥用的根本原因。

在临床上，氯胺酮多用于小儿外科手术的基础麻醉，亦可单独使用，用于一些小手术，或诊断检查、全麻诱导、复合全麻及需反复操作的强镇痛（如烧伤换药）等临床麻醉，属于静脉全麻药，具有一定的精神依赖性潜力。

## 14. 麻古

“麻古”是泰语的音译，实际上是指缅甸生产的“冰毒片”，其主要成分为甲基苯丙胺和咖啡因。它俗称“唠嗑药”“抢劫药”“强奸药”，极易被犯罪分子所利用。此名最早出自云南的边境地区，当地人把“冰毒片”叫作“疯药”。由于南北方发音的差异，一些人特别是北方的一些吸毒者将这种“冰毒片”称为“麻古”。有人认为“麻古”是一种区别于冰毒的新型毒品，其实“麻古”就是冰毒片剂。

“麻古”外观与摇头丸相似，公安部对送检的“麻古”检验报告显示：该种毒品均为圆形、片剂、黄连素药片大小，呈玫瑰红、浅橘红、深橘红、苹果绿，上面印有“R”“WY”“66”“888”等标记。此种毒品直接作用于中枢神经系统，具有使人兴奋、迷幻的作用，吸食后出现健谈、性欲亢进等反应，心脏有问题的人服用后可能导致休克或突然死亡。长期滥用会导致情绪低落及疲倦、记忆减退、精神失常，会损害心、肝和肾，严重者甚至会死亡。

## 15. 音频毒品

音频毒品，英文名称 I-Doser，又名“听的 Mp3 毒品”，主要通过控制情绪的 α 波、使人处于清醒和梦幻之间的 θ 波以及令人紧张和兴奋的 β 波等各种频率波段，使人进入幻觉状态。音频毒品引起的情绪改变可能与听者的生活经历有关。此种毒品主要在韩国互联网上扩散，我国某些网站论坛上也出现了这种“音频毒品”的下载链接，并迅速传播。专家认为，当听者在安静、私密的空间中闭目专注某一事情时，人的脑波和清醒时本就不同，当声音经由耳朵传递到听觉中枢时，会激发出人们不同的情绪体验。至于有的人听到的是噪音，有的人听到的是乐音，可能因为听者生活背景、经历不同，声音所能激发的体验也不同。该毒品的原理是刺激脑电波中使内心平静的 α 波(7—13Hz)及有紧张、兴奋效果的 β 波(14—30Hz)等，从而引发心理变化。这和能刺激脑电波、提高注意力，一度备受欢迎的、可提高成绩的机器原理相同。

## 16. 可乐里所含的咖啡因

咖啡因系中枢神经兴奋剂，俗称咖啡精、咖啡碱。在茶叶、可可和可乐等饮品中都含有咖啡因。咖啡因已被列入国家一类精神药品管制，在临床上限制使用。贩毒、吸毒人员常将咖啡因掺到海洛因中贩卖和使用。“麻古”就是咖啡因与冰毒的混合物。20 世纪 70 年代以来，在我国华北、西北和东北的部分地区，不同程度地发生过安钠咖的流行性滥用。安钠咖滥用不但损害人的身心健康，由此引发的违法犯罪也屡禁不止，严重地影响和干扰了我国药品管理秩序。安钠咖学名苯甲酸钠咖啡因，是由咖啡因和苯甲酸钠以近似 1∶1 的比例配制而成的，是一种兴奋型的精神药品。滥用安钠咖易成瘾，并严重危害人体健康和生命安全，超剂量使用可致人死亡。1988 年 12 月 27 日,国务院第 24 号令发布《精神药品管理办法》,将安钠咖列入一类精神药品进行严格管理。

我们之所以要提安钠咖,是因为它起作用的主要成分就是咖啡因,苯甲酸钠只是助溶剂。目前人们往往对海洛因、冰毒一类的毒品具有很高的警惕性,但对咖啡因这种毒品心理防线就设得很低。毒品的成瘾性表现在躯体和精神两方面,咖啡因在精神上的依赖更为突出,使人误以为这类毒品不会对身体造成多大损害,其实,它的成瘾性是非常强的。长期服用,会使人惊厥、震颤,损害人的肝、心、肾等身体器官,严重的还会使下一代智力低化。

这里不得不提一个案例。2004 年 8 月,天津一位消费者提起了一场公益诉讼,向天津可口可乐有限公司索赔 1 元钱,其诉讼理由是可口可乐公司旗下的健怡饮料中加入了精神药品"安钠咖",损害了消费者的身体健康。此事虽然对可口可乐公司的影响不大,可是也曾经被很多的消费者密切关注。事件后来不了了之,但对我们的启示是,对于具有成瘾性的物质,即使是食品,也要注意不可超剂量用,不可长期食用。

## 17. 哌替啶

哌替啶又称美吡利啶、唛啶、地美露,俗称杜冷丁。其化学名称为 1-甲基-4-苯基哌啶-4-羧基乙酯,是苯基哌啶的衍生物。哌替啶系吗啡的人工代用品,具有与吗啡类似的性质,药理作用与吗啡相同,临床应用与吗啡也相同。哌替啶具有一定的成瘾性,连续使用哌替啶 1—2 周便可产生依赖,但比吗啡的依赖性弱。过量中毒可出现阿托品样中毒症状,如瞳孔散大、心跳加快、兴奋、谵妄,还可产生肌肉阵挛、反射亢进、震颤、惊厥。停药时出现的戒断症状主要有精神萎靡不振、全身不适、流泪、呕吐、腹泻、失眠,严重者还会虚脱。所以,无论从其药理作用、成瘾性、对人体的危害还是从法律文件规定来讲,哌替啶都是一种毒品。

## 18. 罂粟壳

罂粟壳是罂粟果提取鸦片后剩余的果壳,煮汁食用有一定的止泻、止痛作用。罂粟壳又称米壳、御米壳、粟壳、鸦片烟果果、大烟葫芦、烟斗斗等,呈椭圆形或长卵形,直径 1.5—

5 厘米，长 3—7 厘米；外表呈黄白色、浅棕色、淡紫色；表面平滑，略有光泽，常见纵向或横向割痕；气味清香，略苦，可入药。罂粟壳中含有吗啡、可待因、蒂巴因、那可汀等鸦片中所含的成分，虽含量较鸦片小，但久服亦可能成瘾。因此，罂粟壳也被列入麻醉药品管制范围。

在农村，尤其是在缺医少药的边境地区，罂粟壳也被用于治疗感冒头痛、腹痛、腹泻、牙痛、月经痛等，它能缓解症状、减轻疼痛。

近几年来，火锅风行各地，一些不法商贩趁机在火锅中、在啤酒鸭的烹制或卤制品过程中掺用罂粟壳，人们长期食用这些食品会上瘾，这实际上是一种欺骗他人吸食毒品的犯罪行为。

## 19. 酗酒的危害

(1)中毒。据测定，饮下白酒约 5 分钟后，酒精就会进入血液，随血液在全身流动，人的组织器官和各个系统都会受到酒精的毒害。短时间大量饮酒，可导致酒精中毒，中毒后首先影响大脑皮质，饮酒者进入一个短暂的兴奋期，胡言乱语，继而大脑皮质处于麻醉状态，言行失常，昏昏沉沉。若进一步发展,中枢神经麻痹,则心跳呼吸停止,以致死亡。

(2)损害食管和胃黏膜。酒精对食管和胃的黏膜损害很大,会引起黏膜充血、肿胀和糜烂,导致食管炎、胃炎、溃疡。酒精主要在肝内代谢,对肝脏的损害特别大,肝癌的发病与长期酗酒有直接关系。研究表明,如果平均每天饮白酒 160 克,有 75%的人在 15 年内会出现严重的肝脏损害,还会诱发急性胆囊炎和急性胰腺炎。

(3)诱发脑卒中。酒精影响脂肪代谢,升高血胆固醇和甘油三酯。大量饮酒会使心率增快,血压急剧上升,极易诱发脑卒中。长期饮酒还会使心脏发生脂肪变性,严重影响心脏的正常功能。

(4)酒精中毒性精神病。当血液中的酒精浓度达到 0.1%时,会使人感情冲动;达到 0.2%—0.3%时,会使人行为失常;长期酗酒,会导致酒精中毒性精神病。

(5)营养失调。长期酗酒还会造成身体营养失调并引起多种维生素缺乏症。因为酒精中不含营养素,经常饮酒者食欲下降,进食减少,势必造成多种营养素的缺乏,特别是维生素 B1、维生素 B2、维生素 B12 的缺乏,还影响对叶酸的吸收。

(6)危害胎儿。女性酗酒的危害更大。研究发现,在对酒精产生依赖以后,女性的大脑萎缩进程要比男性快。酒精对精子和卵子也有毒副作用，不管父亲还是母亲酗酒，都会造成下一代发育畸形、智力低下等不良后果。孕妇饮酒，酒精能通过胎盘进入胎儿体内，直接毒害胎儿，影响其正常生长发育。而丈夫经常酗酒的家庭中妻子的平均流产次数要比其他家庭高很多。

酗酒对社会也具有极大危害，因为酗酒是一种病态或异常行为，可构成严重的社会问题。酗酒者通常把酗酒行为作为一种因内心冲突、心理矛盾造成的强烈心理势能发泄出来的重要方式和途径。酗酒者常期望通过酗酒消除烦恼，减轻空虚、胆怯、内疚、失败等心理感受。如果全社会对酗酒现象熟视无睹，不采取有效措施加以规劝，醉鬼们就可能危害社会治安，出现偷盗、杀人、家庭暴力等行为。这并非耸人听闻，我国每年因酗酒而肇事立案的高达 400 万起；全国每年有 10 万人死于车祸，而 1/3 以上交通事故的发生与酗酒及酒后驾车有关。

## 20. 吸毒离死神只有一步

多种原因可以造成吸毒者死亡率高于一般人群，归纳如下。

(1)吸毒过量死亡,过量吸毒致死多见于年轻人群。

(2)吸毒者的自杀率远远高于一般人群。有资料表明,吸毒者自杀发生率较一般人群高10—15倍。

(3)吸毒者参与犯罪死于非命的发生率高于一般人群。

(4)吸毒者易死于各种吸毒引起的并发症,毒品可对中枢神经系统、循环系统、消化系统、造血系统、免疫系统等造成直接损伤导致死亡。

(5)吸毒者患病后不积极求治,易发生死亡。

(6)毒品可影响吸毒者的精神活动,使吸毒者出现认知功能障碍、注意能力下降和操作能力下降,导致吸毒者常死于各种意外事件。

## 21.吸毒是艾滋病的温床

吸毒是传播艾滋病的温床,这与吸毒方式有关。具体而言,有以下几个原因。

(1)吸毒者为了在最短时间内获得快感并寻求最大的刺激,会迫不及待地用注射器将毒品推进血管,这就由口吸毒品改为静脉注射毒品,存在艾滋病病毒通过血液传播的隐患。

(2)吸毒者不惜斥巨资购买毒品,却舍不得自己单用一个注射器,认为这会浪费毒品,并且为了尽可能利用残留在注射器内的毒品,会将血液打进注射器内来冲洗附着在注射器内壁上的毒品,其结果是使血液中的艾滋病病毒附着在注射器内壁上。如果下一个人再使用这个注射器而不消毒的话,就容易造成传染。

(3)吸毒者极易群聚以求刺激和快乐,轮流使用注射器时也不进行消毒,如果其中有一个人是艾滋病病毒感染者,那么,就可使其携带的艾滋病病毒直接注入其他吸毒者体内。

(4)吸毒者常有性乱,当吸毒人群中有异性时,常发生性乱现象。静脉吸毒者与他人共用注射器时,很可能感染艾滋病病毒成为艾滋病病毒携带者并具有传染性,若发生群体性乱行为,就可能传播艾滋病。

(5)吸毒与嫖娼形影相伴,吸毒者常有嫖娼或婚外性生活,这也导致吸毒者易感染艾滋病。

# 第三章

# 新型毒品

防毒
反毒
中国国家禁毒委员会
CHINA NATIONAL NARCOTICS CONTROL COMMISSION

## 1.新型毒品

新型毒品主要是相对于鸦片、海洛因、可卡因等传统毒品而言的,是近几年里在某些地区被广泛滥用,造成社会危害的一些精神活性物质。它又被称为合成毒品、俱乐部毒品。新型毒品包括冰毒、摇头丸、氯胺酮(K粉)、咖啡因、安钠咖、氟硝安定、麦角酸二乙基酰胺(Lysergids,LSD)、安眠酮、三唑仑、γ-羟基丁丙酯(γ-hydroxybutyricacid,GHB)、丁丙诺啡、麦司卡林、苯环利定(苯环己哌啶,Phencyclidine,PCP)、止咳药水、迷幻蘑菇(Hallucinogenicmushroom)、地西泮、有机溶剂和鼻吸剂等。在这些新型毒品中,一部分是近几年才从国外传入的,如LSD、PCP等;另一部分是我国原本就在临床上使用的药品,但已被改变了原来的用途,被用于寻找愉悦感、迷幻感,主要是一些镇痛药、止咳药与苯二氮䓬类药品,如丁丙诺啡、联邦止咳露、三唑仑等;还有一类是最近几年或十几年在国内某些地区被广泛滥用，但新近才被重视的毒品，如安钠咖（面面儿）、安眠酮（“忽悠悠”主要成分）等。

## 2. 植物类新型毒品

(1)合成大麻烟

外观特点：棕褐色或墨绿色的烟草碎叶，类似散装烟丝或莫合烟。如图 3-1、图 3-2 所示。

图 3-1　含有合成大麻素的烤烟丝

图 3-2　含有合成大麻素的莫合烟

主要成分：通过喷涂或浸泡等方式添加的合成大麻素类新精神活性物质。

滥用危害：可像普通烟丝一样点燃吸食，其中含有的合成大麻素对人体的作用类似于大麻，但致幻能力和成瘾性更强，吸食后可引起判断力下降、意识模糊和精神障碍，诱发车祸、自残及暴力行为,过量吸食可导致昏迷甚至死亡,长期使用还会增加患心血管系统疾病及癌症的风险。

(2)合成大麻香料

外观特点:各种颜色的叶片或花瓣,类似用于香薰的植物香料,如图 3-3、图 3-4 所示。

主要成分:通过喷涂或浸泡等方式添加的合成大麻素类新精神活性物质。

滥用危害:可直接点燃或使用香熏工具吸食,对人体的危害与吸食合成大麻烟相似。

**图 3-3 含有合成大麻素的各种植物香料**　　**图 3-4 常见的合成大麻香料包装**

(3)卡痛叶

外观特点:茜草科帽蕊木属植物卡痛的叶片,一般干燥粉碎后使用,为黄绿色或红棕色植物碎片或粉末,如图 3-5、图 3-6 所示。

主要成分:植物中天然存在的帽柱木碱和 7-羟基帽柱

木碱。

滥用危害：可用水或酒浸泡后饮用，也可填充胶囊食用，其中含有的生物碱属于天然阿片类物质，长期使用会严重损害肝脏，并导致厌食、消瘦和精神障碍，依赖性较强，戒断时会产生精神烦躁、疼痛、失眠等症状。

**图 3-5　新鲜的卡痛叶**

**图 3-6　干燥粉碎得到的卡痛叶末**

(4)恰特草(阿拉伯茶)

外观特点：卫矛科巧茶属植物，鲜草茎为红色，叶为绿色，也有干燥粉碎处理的产品，为绿色的植物碎片或粉末，如图 3-7、图 3-8 所示。

主要成分：植物中天然存在的卡西酮。

滥用危害：新鲜的恰特草一般可直接嚼食，干草可用水冲服，其中的卡西酮具有较强的兴奋作用，长期使用易使人产生依赖性，并使人精神抑郁、间歇性出现幻觉，同时降低食欲和免疫力。

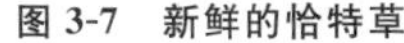
图 3-7 新鲜的恰特草

图 3-8 干燥的恰特草

(5)迷幻蘑菇

外观特点:含有裸盖菇素的蕈类,多为黄色至褐色的新鲜蘑菇或蘑菇干,具有特殊的臭味,如图 3-9、图 3-10 所示。

主要成分:蘑菇中天然存在的赛洛西宾和赛洛新。

滥用危害:可直接嚼食或与其他食物和饮料混合食用,其中含有的生物碱具有较强的致幻作用,食用后可使人激动、焦虑、意识模糊和精神障碍,诱发自残或自杀行为。

图 3-9 新鲜的致幻蘑菇

图 3-10 干燥的致幻蘑菇

(6)相思树根皮

外观特点:金合欢属植物相思树的根皮,内皮呈红褐色,外皮呈灰白色带有白色圆点,干燥粉碎后为褐色粉末,如图3-11、图3-12所示。

主要成分:植物中天然存在的二甲基色胺。

滥用危害:一般将相思树根皮和骆驼蓬子(一种中药)混合泡水或打粉食用,少量使用时会使人情绪激动,大量使用时则会失去对身体的控制,并出现强烈的幻觉,导致意识模糊和精神障碍。

图3-11 相思树根皮

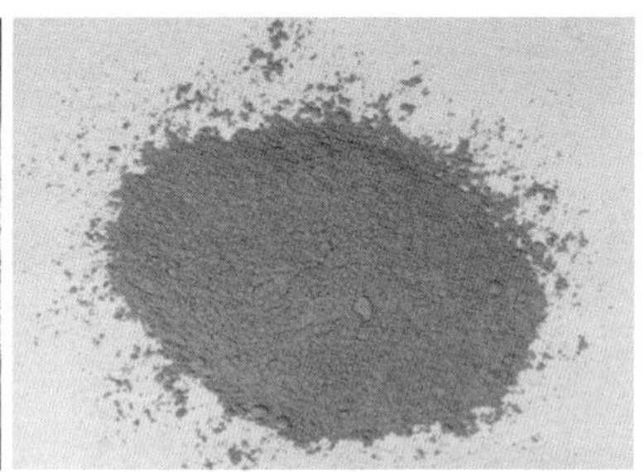
图3-12 相思树根皮磨成的粉

## 3.食品饮料类新型毒品

(1)大麻巧克力

外观特点:形态与正常的巧克力类似,外包装简陋,没有注明成分、制造商等信息或仅有外文说明，如图 3-13、图 3-14 所示。

主要成分：制作过程中掺入的四氢大麻酚或合成大麻素类新精神活性物质。

滥用危害：一般可直接食用，与吸食大麻烟效果类似，但持续时间更长，产生的致幻作用可严重影响判断能力，诱发车祸、自残及暴力行为，长期使用可能导致精神障碍。由于其外观与普通巧克力类似，大量误食后易导致急性中毒，甚至危及生命。

**图 3-13　含有合成大麻素的“巧克力”**

**图 3-14　含有四氢大麻酚的“巧克力”**

(2)大麻糕点

外观特点：形态与正常的糕点类似，外包装简陋，没有注明成分、制造商等信息或仅有外文说明，有的印有大麻叶，如图 3-15、图 3-16、图 3-17 所示。

主要成分：制作过程中掺入的四氢大麻酚或合成大麻素

类新精神活性物质。

滥用危害：对人体的危害与食用大麻巧克力类似。

图 3-15
含有四氢大麻酚的
“蛋糕”

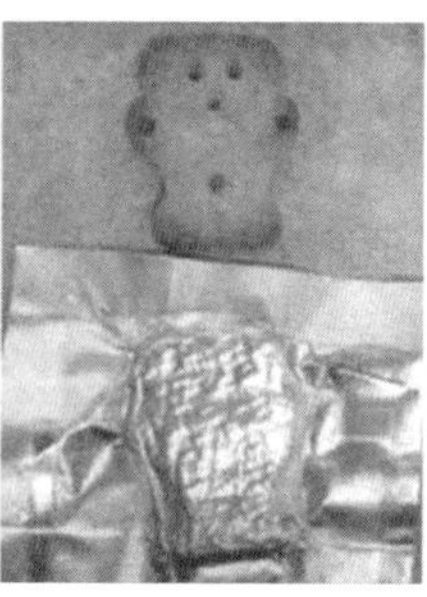

图 3-16
含有合成大麻素的
“小熊饼干”

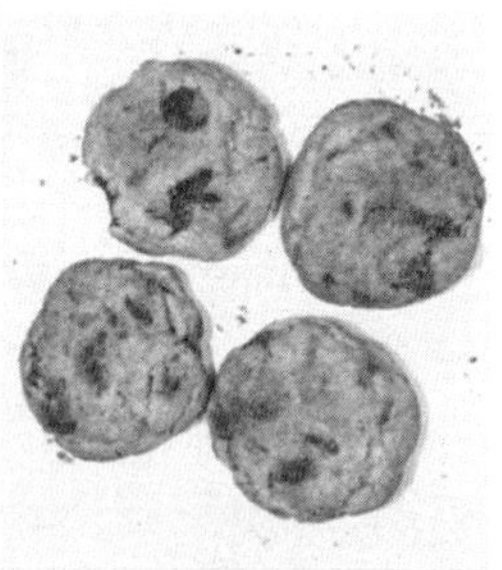

图 3-17
含有四氢大麻酚的
“曲奇饼干”

(3)大麻糖果

外观特点：形态与正常的糖果类似，外包装简陋，没有注明成分、制造商等信息或仅有外文说明，如图 3-18、图 3-19 所示。

主要成分：制作过程中掺入的四氢大麻酚或合成大麻素类新精神活性物质。

图 3-18　含有四氢大麻酚的“棒棒糖”

图 3-19　含有四氢大麻酚的“软糖”

滥用危害:对人体的危害与食用大麻巧克力效果类似。

(4)“果冻”

外观特点:形态与正常的果冻类似,外包装简陋,没有注明成分、制造商等信息或仅有外文说明,如图 3-20、图 3-21 所示。

主要成分:制作过程中掺入的卡西酮类及苯丙胺类新精神活性物质。

滥用危害:可直接食用或混入酒水饮料中食用,与吸食冰毒及卡西酮类物质效果类似,会产生兴奋和致幻效果,并导致狂躁、偏执及被害妄想,诱发各种暴力行为。长期使用可能导致精神障碍,大量使用可诱发心力衰竭和肝肾衰竭甚至死亡。

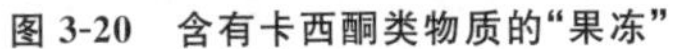

图 3-20 含有卡西酮类物质的“果冻”

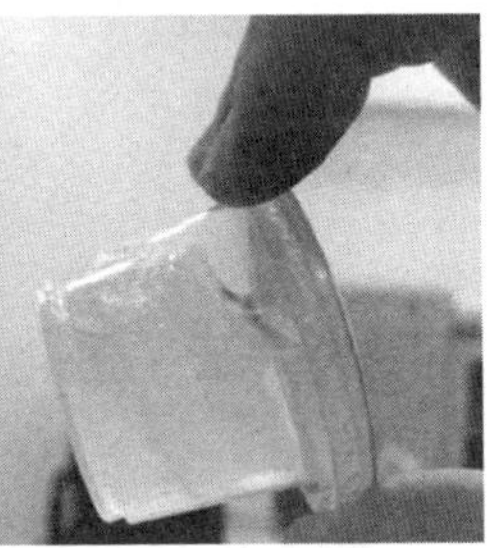

图 3-21 查获的“果冻”

(5)“神仙水”

外观特点:形态与口服液类似,常标注各种名牌奢侈品商标,如图 3-22 所示。

主要成分：随意性较大，通常含有氯胺酮，同时还可能存在冰毒、摇头丸、曲马多等多种毒品成分。

滥用危害：一般混入酒水饮料中食用，具有类似吸食氯胺酮的致幻作用，同时根据添加其他毒品成分的不同，还可能产生兴奋、镇静、催眠等多种效果。由于毒品种类和含量差异较大，极易使用过量导致急性中毒。

图 3-22　各种包装的"神仙水"

(6)新潮饮料

外观特点：形态与瓶装饮料类似，外包装色彩鲜艳，如图3-23、图 3-24 所示。

主要成分：制作过程中掺入的 γ-丁内酯及其水解产生的γ-羟丁酸。

滥用危害：一般可直接饮用，γ-羟丁酸具有兴奋和致幻效果，γ-丁内酯进入人体内可以水解成 γ-羟丁酸再起作用。过量使用可导致强烈的麻醉效果，且苏醒后过往记忆会受到损害，因而也被用于迷奸。

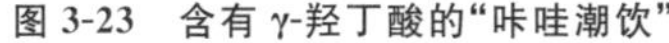

图 3-23　含有 γ-羟丁酸的“咔哇潮饮”

图 3-24　含有 γ-羟丁酸的“咔哇氿”

## 4. 胶囊及药片类新型毒品

(1)聪明药

外观特点：瓶装或铝塑包装的药片或胶囊，主要从国外走私入境，标识中含有“Modafin”“Methylphenidate”等英文，如图 3-25、图 3-26 所示。

主要成分：莫达非尼、哌醋甲酯。

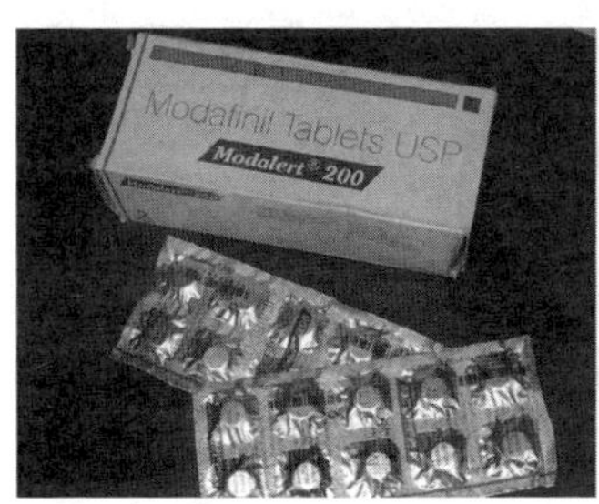


图3-25　国外生产的含莫达非尼的药品

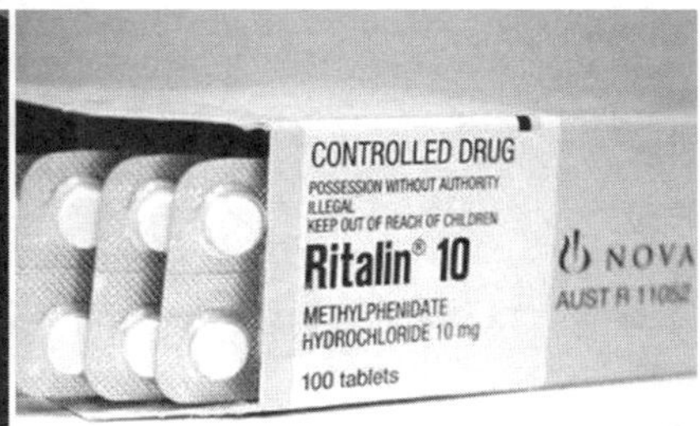


图 3-26　国外生产的含哌醋甲酯的药品

滥用危害：直接口服，具有一定的兴奋效果，可短暂提高注意力，而常被作为“聪明药”使用，但实际并无提高智商的能力，大量摄入可导致焦虑、兴奋过度和精神狂躁，长期使用可成瘾。

(2)第二代镇静催眠药物

外观特点：铝塑包装的药片，主要从日本走私入境，外包装上多为日文说明，不同品种溶于水后可呈现鲜艳的蓝色、红色等颜色，如图 3-27、图 3-28 所示。

主要成分：氟硝西泮、尼美西泮、三唑仑、依替唑仑等苯二氮䓬类药物。

滥用危害：可直接口服或与酒类同服，具有镇静和抗焦虑作用，可能会致幻，能降低吸食兴奋类毒品后产生的失眠和抑郁症状，长期使用易成瘾，会导致运动与意识障碍。大剂量下可使人失去意识，因而也常被用于麻醉强奸和抢劫。

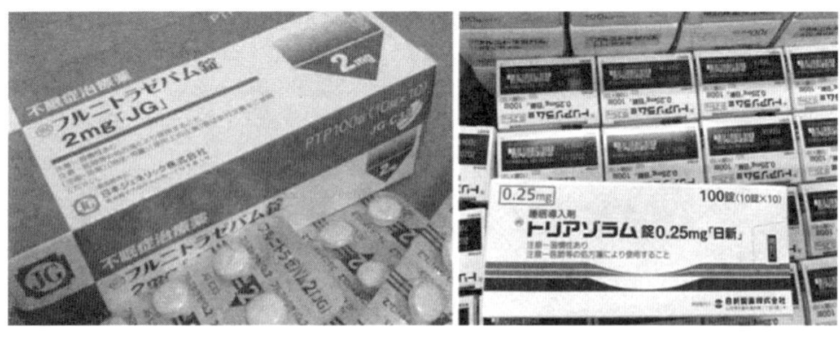


**图 3-27　日本产氟硝西泮(俗称“蓝精灵”)**　　**图 3-28　日本产三唑仑**

(3)第三代镇静催眠药物

外观特点:铝塑包装的药片,既有从国内合法医疗渠道流失、标识为中文的产品,也有从国外走私入境、标识为外文的产品,如图 3-29、图 3-30 所示。

主要成分:唑吡坦、佐匹克隆。

滥用危害:对人体的危害与服用第二代镇静催眠药物类似。

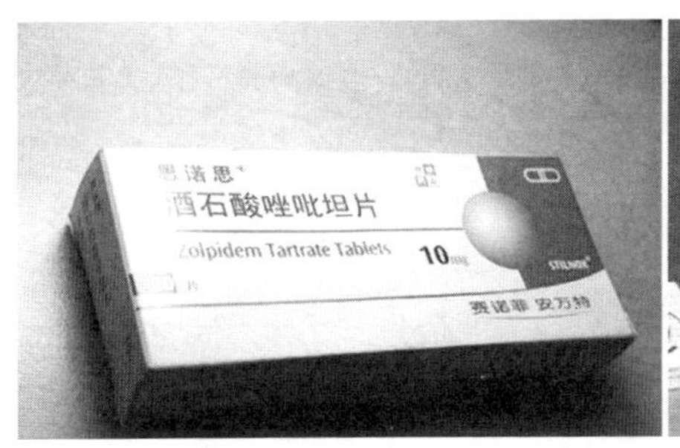


图 3-29 唑吡坦片

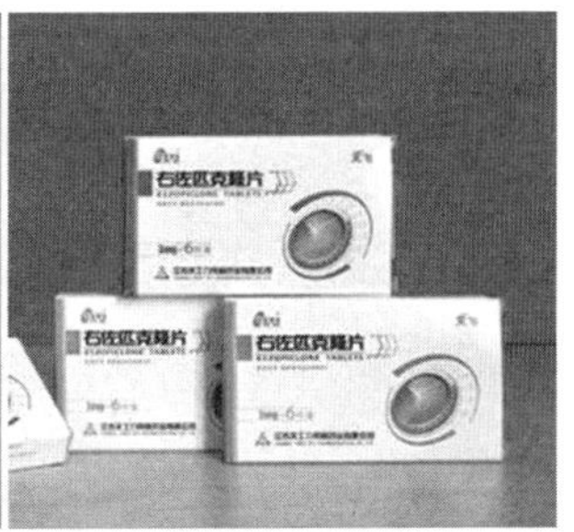


图 3-30 佐匹克隆片

(4)“减肥药”

外观特点:瓶装或铝塑包装的药片或胶囊,主要从国外走私入境,外包装说明为泰文的最为常见,如图 3-31、图 3-32、图 3-33 所示。

主要成分:芬特明、芬氟拉明。

滥用危害:可直接口服,因食欲抑制功能而被作为减肥药使用,但我国并未批准其上市,大剂量使用时具有兴奋和致幻作用，可导致焦虑和精神紧张，并可诱发高血压、心悸、心动过速和心力衰竭等不良反应，严重危害健康。

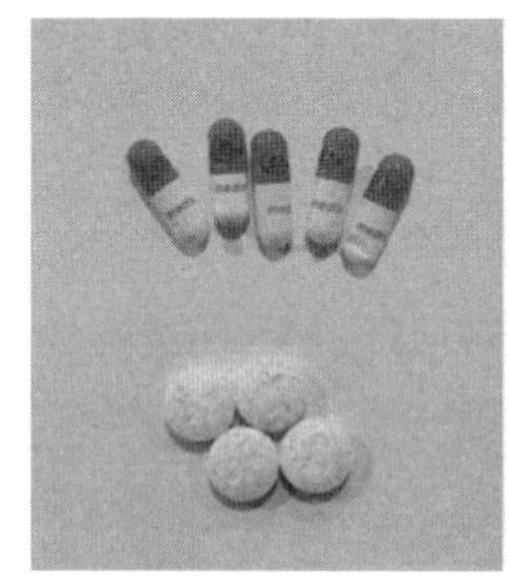

图 3-31
含芬特明的“减肥药”

图 3-32
含芬特明和芬氟拉明的“减肥药”

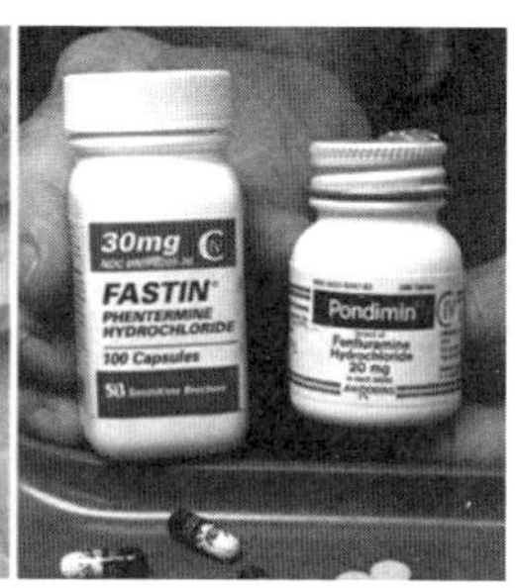


图 3-33
含芬特明和芬氟拉明的“减肥药”

(5)阿片类药物

外观特点：铝塑包装的药片，既有从国内合法医疗渠道流失、标识为中文的产品，也有从国外走私入境、标识为外文的产品，如图 3-34、图 3-35 所示。

主要成分：丁丙诺啡、二氢埃托啡。

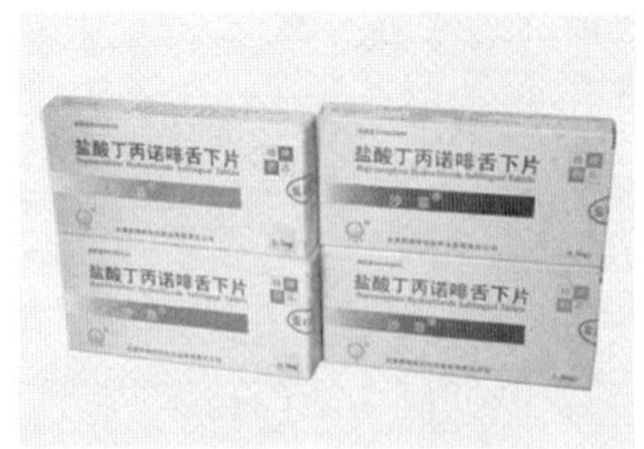


图 3-34　丁丙诺啡

图 3-35　二氢埃托啡

滥用危害:可直接口服,成瘾性强,滥用可导致神经系统损害、记忆力下降等。大剂量使用或与安定类镇静药物合用,易引起呼吸抑制、昏迷甚至死亡。

## 5. 芬太尼类新型毒品

(1)医用流失芬太尼制剂(国外)

外观特点:国外医用芬太尼制剂有注射剂、透皮贴剂、片剂和口腔含剂等多种形态,如图 3-36、图 3-37、图 3-38 所示。

主要成分:芬太尼。

滥用危害:片剂和口腔含剂可直接口服,注射剂可注射使用,透皮贴剂可嚼食。芬太尼是强效麻醉镇痛药物,其效果可达吗啡的 50—100 倍,成瘾性和依赖性很强,过量使用易导致昏迷、呼吸抑制甚至死亡。

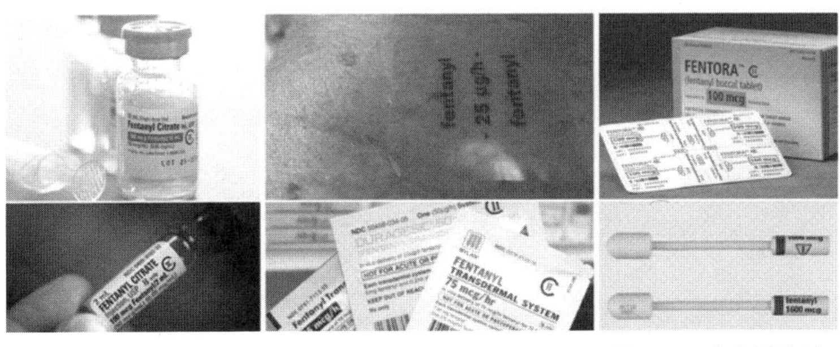


图 3-36 芬太尼注射剂 图 3-37 芬太尼透皮贴剂 图 3-38 芬太尼片剂和口腔含剂

(2)医用流失芬太尼制剂(国内)

外观特点:国内医用芬太尼制剂有注射剂和透皮贴剂两种形态,如图 3-39、图 3-40 所示。

主要成分:芬太尼、瑞芬太尼、舒芬太尼。

滥用危害:注射剂可注射使用,透皮贴剂可嚼食。芬太尼、瑞芬太尼、舒芬太尼均能作用于体内阿片受体,医学上可用于麻醉及镇痛治疗。流入非法渠道后常作为海洛因的替代品,其成瘾性和依赖性很强,可导致呼吸抑制、呼吸暂停、骨骼肌强直、肌阵挛、低血压、心动过缓等,过量使用极易致死。

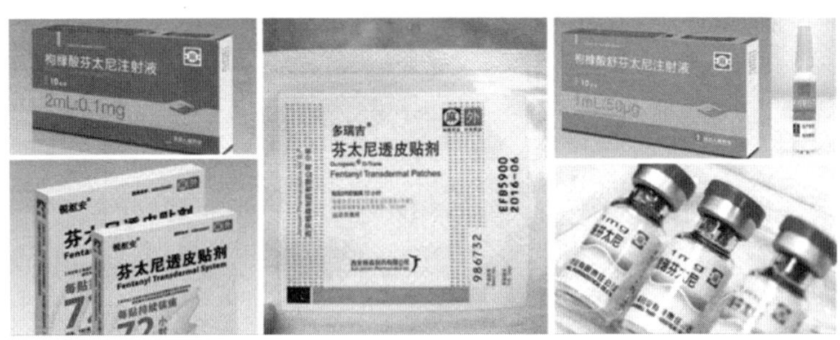


图 3-39 芬太尼注射剂和透皮贴剂　　图 3-40 舒芬太尼和瑞芬太尼

(3)非法生产的芬太尼

外观特点:白色粉末,通常使用透明自封袋或锡箔纸包装袋进行包装,如图 3-41、图 3-42 所示。

主要成分:芬太尼。

滥用危害:需掺杂稀释后使用。药理作用与医用流失的芬太尼制剂相同，但由于其为非法产品，质量控制较差，往往含有多种杂质，对人体危害更大。未掺杂稀释的粉末中芬太尼含量较高，通过呼吸道或皮肤接触吸入少量即可导致急性中毒，数毫克即能致死。

图 3-41　芬太尼粉末

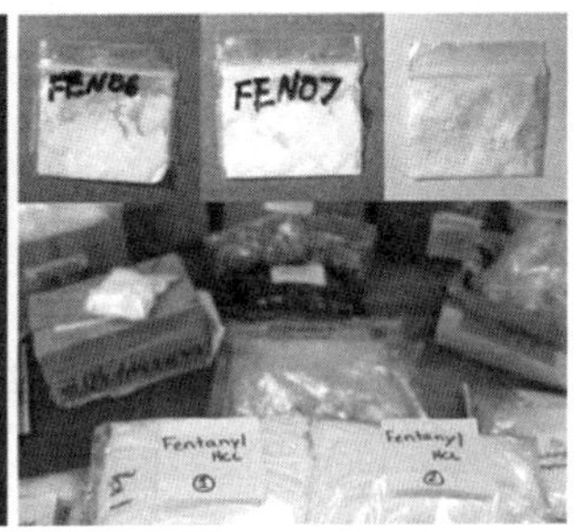


图 3-42　缴获的各种芬太尼粉末

(4)非法生产的芬太尼类似物

外观特点：白色粉末，通常使用透明自封袋或锡箔纸包装袋进行包装，如图 3-43、图 3-44 所示。

主要成分：卡芬太尼、呋喃芬太尼、丁酰芬太尼等芬太尼类似物。

滥用危害：需掺杂稀释后使用。该类物质与芬太尼的化学结构相似，具有类似芬太尼的麻醉和镇痛作用，其中一些品种的药效较芬太尼更强，例如卡芬太尼的药效可达吗啡的 10000 倍左右。芬太尼类似物的滥用危害也与芬太尼接近，都具有较强的成瘾性和依赖性，过量使用易导致昏迷、呼吸抑制甚至死亡。

图 3-43　卡芬太尼粉末

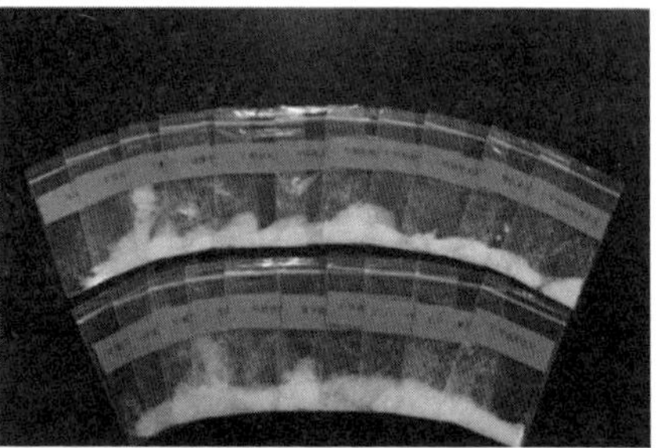

图 3-44　各种芬太尼类似物

(5)非法生产的芬太尼制剂(国外)

外观特点:外观类似羟考酮或氢可酮等药物的片剂或简易胶囊,如图 3-45、图 3-46 所示。

主要成分:芬太尼及各种芬太尼类似物。

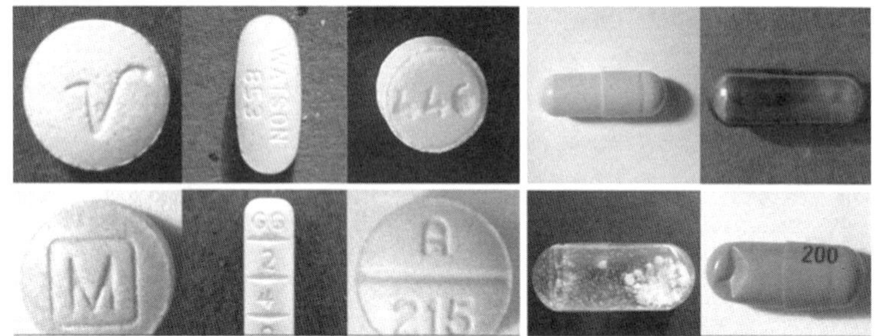


图 3-45　含有芬太尼成分的片剂　　图 3-46　含有芬太尼成分的胶囊

滥用危害:可直接口服。一般冒充合法渠道流出的药物,出售给羟考酮、氢可酮等阿片类药物成瘾的吸毒人员。由于地下工厂质量控制水平较低,不同批次产品中芬太尼类物质含量差异较大，而吸食者难以进行分辨，按平时正常用量服用高含量制剂后极易造成急性中毒甚至死亡。

（6）非法生产的芬太尼制剂（国内）

外观特点：瓶装或铝箔包装的胶囊，常以特效戒毒药的名义出售，印刷和包装较为粗糙，如图 3-47、图 3-48 所示。

主要成分：芬太尼及地芬诺酯、曲马多等阿片类物质。

滥用危害：可直接口服。吸毒者用其取代海洛因后不会产生戒断症状，同时尿检呈吗啡阴性。但实际上它并不能真正帮助戒毒者戒除毒瘾，事实上芬太尼等成分的危害较海洛因更强，大量使用可诱发呼吸抑制甚至死亡。

图 3-47　查获的假冒戒毒药

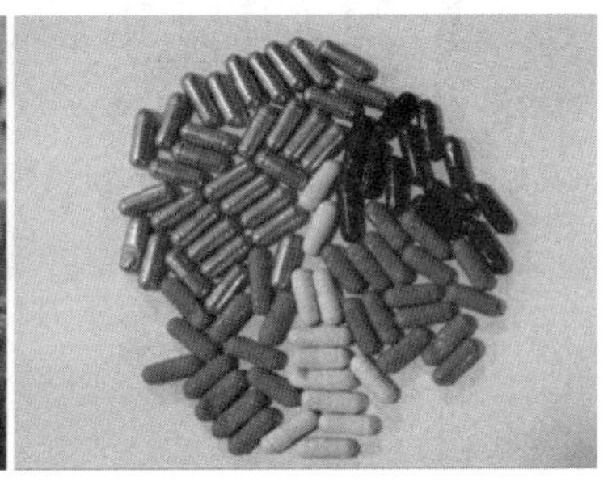

图 3-48　含有芬太尼成分的假冒戒毒药

## 6.其他新型毒品

(1)电子烟油

外观特点:无色、黄色至褐色黏稠液体,有小瓶包装的,也有直接注入独立包装的电子烟内的,如图 3-49、图 3-50 所示。

主要成分:制作过程中掺入的四氢大麻酚或合成大麻素类新精神活性物质。

滥用危害:使用电子烟吸食,对人体的危害与吸食合成大麻烟类似。

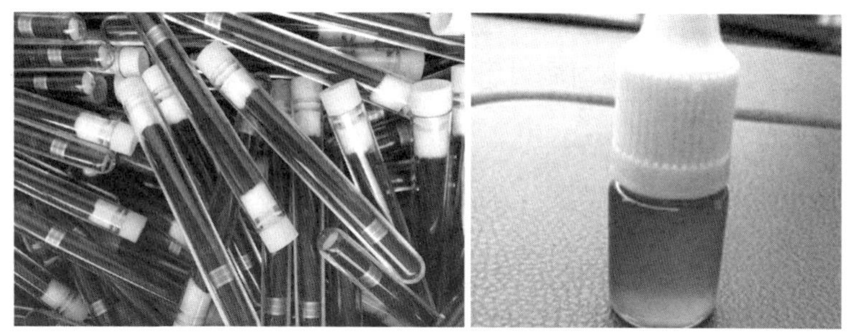

图 3-49 含有四氢大麻酚的电子烟　　图 3-50 含有合成大麻素的电子烟油

(2)小树枝

外观特点:褐色棍装物,长约 10 厘米,直径约 2 毫米,外观类似线香,如图 3-51、图 3-52 所示。

主要成分:制作过程中掺入的合成大麻素类新精神活性物质。

图 3-51 含有合成大麻素的“小树枝”

图 3-52 含有合成大麻素的“小树枝”

滥用危害:一般磨碎后沾在香烟上点燃吸食,对人体的危害与吸食合成大麻烟类似。

(3)致幻邮票

外观特点:材质为具有一定厚度的吸墨纸,一般进行打孔处理,方便撕成小块使用,表面印刷各种流行图案,如图 3-53 所示。

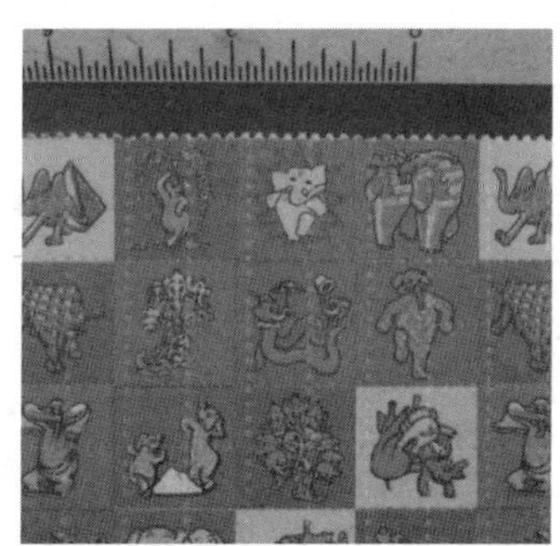

图 3-53 各种包装的致幻邮票

主要成分:纸上吸附的麦角二乙胺或苯乙胺类及苯环利

定类新精神活性物质。

滥用危害：一般嚼食或舌下含服，具有极强的致幻作用，持续时间可长达 10 小时以上，并可引发瞳孔扩张、心动过速、身体麻痹、震颤等不良反应，一些个体可能出现极度焦虑和精神错乱，并诱发自残或伤害他人等暴力行为。

(4)笑气

外观特点：密封的金属材质气弹，外包装多标注为奶油发泡剂，原产地为中国台湾的产品最为常见，如图 3-54、图 3-55 所示。

主要成分：一氧化二氮。

滥用危害：一般插入奶泡枪或充入气球内吸食，可使人失去痛感并发笑，同时伴有欣快感，由于作用短暂，需多次反复吸食，易造成大脑缺氧并导致中枢神经系统受损，导致记忆力下降、反应迟钝、精神障碍甚至瘫痪。

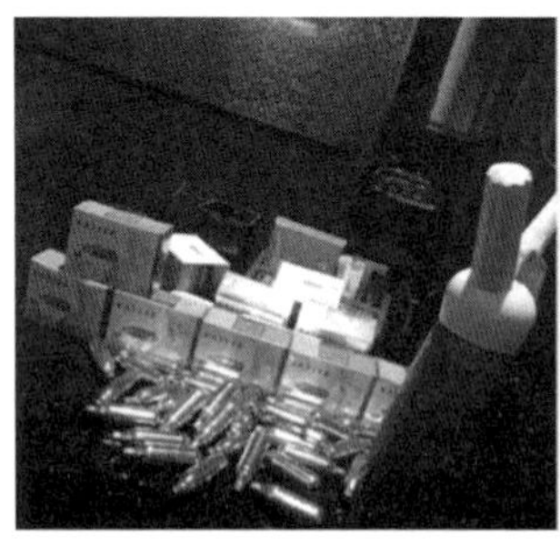

**图 3-54 笑气气弹及吸食工作**

**图 3-55 笑气气弹**

# 第四章

# 拒毒不沾

远离
毒品
中国国家禁毒委员会
CHINA NATIONAL NARCOTICS CONTROL COMMISSION
N.N.C.C.

## 1. 毒品，我们玩不起

“烟酒也一试，夜半飞车也一试……玩毒品，你玩不起！”这是很久以前凤凰卫视的一个公益广告，拍得不错，前面是一个潦倒的女生在轻唱，后面是沉重的男生话外音。这是一则很好的广告，给观众留下了深刻的印象。

有一个男孩就是因为爱上一个吸毒的女孩子才被毁掉的。那个女孩子吸毒，又美若天仙，男孩一开始就知道，还劝女孩戒毒。男孩子家里知道后坚决反对他们在一起，但是一点作用都没有。男孩子慢慢开始和女孩子一起吸毒，而且对毒品的需求量越来越多。几次回家要钱，家人不忍见他惨样，一次次给他钱，他们就这样吃掉了父母辛辛苦苦存下的20多万元。后来，女孩把男孩甩了，有人说女孩是替男孩着想，有人说这是女孩觉得男孩没有利用价值了。最后，男孩自杀了。

毒品,你玩得起吗?

## 2. 吸毒会上瘾

毒品究竟是凭着什么使吸毒者欲罢不能的呢?近一个世纪以来,世界各国的医学专家从未放弃过这方面的研究。研究发现,毒品之所以能使人产生欣快感,是因为它们能够促进人脑中的“快乐”化学成分的释放,这种化学物质就是多巴胺。多巴胺是一种神经传递素,其释放与人的兴奋和欢快有密切联系。一个拥抱、一个接吻、一句赞扬的话,甚至打扑克牌赢了一场,都会引起多巴胺升高。研究人员相信,多巴胺不仅是传递兴奋的一种化学物质,也是导致上瘾的罪魁祸首。但这种“快乐”物质的释放又是不能维持长久的,于是,为了持续不断地追求这种快感,唯一的办法就是不断地吸毒。最终的结果是,人体内原有的化学平衡机制被打乱,人体内原来的“快乐”物质的释放减少。

以吸食海洛因为例,一旦停止吸食,吸毒者会在 8—14 小时后出现焦虑、恐慌及再吸毒品的渴望;36—48 小时后各种症状就会达到高潮,流泪、流涕,发冷发热、寒热交替,瞳孔扩大,汗毛竖起,出汗,腹泻,恶心或呕吐,骨头、肌肉酸痛,失眠，打哈欠，以上症状达到高潮后如果得不到缓解，就会导致精神与行为失控，个别吸毒者还会自残、自杀。为了摆脱这种痛苦，吸毒者会不顾一切地去寻找毒品，然而，因为毒品所特有的耐受性，渐渐地，原先吸入的量已不能让吸毒者获得所谓“飘飘然的快感”，他们自然就要加大剂量，从而从烫吸发展到静脉注射。因为静脉注射可以立即获得快感，于是也就出现了毒瘾发作时，吸毒者为了尽快注射，什么阴沟水、洗脚水，只要能溶化白粉，全然不顾；哪怕坐在出租车上、飞机上，也照样注射。一个吸毒者曾坦言，毒瘾发作时，如果身上只有 500 元钱，哪怕花 400 元的车费，用剩余的 100 元买白粉吸了再走回来也在所不惜。

## 3. 冰毒、摇头丸的危害比海洛因更大

吸食冰毒、摇头丸的危害比海洛因更大。吸食冰毒、摇头丸、K 粉、麻黄素片等新型毒品后，兴奋、狂躁、易性乱、抑郁、易怒，且会连续三四天不吃不睡，出现幻觉、错觉、猜疑、恐慌等。吸食海洛因后，则绵软无力，陷入昏睡。吸食新型毒品者极易在吸毒后产生幻觉，对社会和他人产生攻击行为，吸食海洛因者则易在毒瘾发作时为筹毒资而攻击亲人或

他人。

## 4. 青少年是毒品预防教育重点的原因

(1)全国登记在册吸毒人员中,青少年所占比重一直居高不下,特别是在吸食新型毒品的人群里,青少年更多。

(2)在吸毒的青少年中,很多人是因为对毒品危害的无知和对毒品的好奇而陷入毒品的泥潭不能自拔的。

(3)青少年时期是人生观、世界观、价值观形成的关键时期,也是开展毒品预防教育的关键时期。

(4)青少年大都是在校学生,一般都具备集中开展毒品预防教育的良好条件。

## 5. 我国青少年吸毒认知误区

误区一:吸毒、药物滥用纯粹是意志或人格力量的失败。根据世界卫生组织的定义,吸毒、药物成瘾是一种发生在大脑的慢性复发性疾病。因此吸毒、药物滥用者与患有其他躯体疾病的患者一样,都是病人。在吸毒、药物滥用过程中,病人大脑的结构和功能均发生了改变。近年研究发现,遗传因素与个体药物成瘾的发生或多或少有一定的关系。

误区二:为吸毒成瘾者耗资治疗不值得,这是浪费资源。在对药物成瘾确实有效的治疗上投资,能降低吸毒对健康和社会的负面影响(例如:犯罪、经济负担和艾滋病病毒感染等)。国外的研究证明,每一美元用于治疗药物成瘾方面的投入可获得七美元的回报。

误区三:吸毒和酒精相关问题主要存在于发达国家。有确凿的证据表明,吸毒、酒精滥用相关问题在发展中国家呈上升趋势,我国也不例外。20 世纪 70 年代末期以来,国际毒潮不断侵袭中国,过境贩毒引发的毒品违法犯罪活动死灰复燃;吸毒人数持续上升,毒品案件不断增多,危害日益严重,禁毒形势严峻。截至 2010 年 6 月底,全国共登记吸毒人员 143.7 万余人。其中,滥用鸦片类毒品 104.5 万余人,占 72.7%,比 2009 年底增加 4.2 万人;滥用冰毒、氯胺酮等新型毒品 37 万余人,占 25.8%,比 2009 年底增加 5.6 万人。全国各省、自治区、直辖市都程度不同地存在着与毒品有关的违法犯罪活动,中国已由毒品过境受害国转变为毒品过境与消费并存的受害国。

误区四:吸毒者未受到足够的惩罚。从医学角度看,吸毒导致脑部功能与结构的病理性变化,吸毒不能控制自己的行为,他们属于病人的范畴,因而应该接受治疗,而不仅仅是惩罚。吸毒者处于社会边缘,更需要得到社会的关心、治疗。当然,对于吸毒行为需要一定的社会控制和必要的惩罚,但仅仅把他们囚禁起来,予以惩罚,而不予任何形式的治疗,只会加重他们对主流社会的不满和报复,或让他们“破罐子破摔”。所以,惩罚并非有效的预防或治疗策略。

误区五:戒毒所能解决吸毒的所有问题。治疗吸毒成瘾没有神奇的方案,这是一个长期的过程。我国的戒毒所目前主要提供脱毒治疗及并发症的治疗,心理、行为治疗在大多数戒毒所仍然没有得到有效的开展。心理、行为治疗,防复吸训练,职业功能训练,社会功能的康复,不是住几天戒毒所就能解决的。

## 6.青少年吸毒的早期特征

(1)无故旷课。

(2)学业成绩、纪律或工作表现突然变坏。

(3)在家中偷窃贵重物品或突然频频地向父母、朋友索要或借用金钱。

(4)不回家,经常长时间躲在自己房间内或远离家人、他人。

(5)行动方面表现得鬼鬼祟祟。

(6)藏有毒品及吸毒工具(如注射器、锡纸、切断的吸管、刀片、匙羹、烟斗)。

(7)为遮掩收缩的瞳孔,在不适当的场合佩戴太阳镜。

(8)为掩盖手臂上的注射针孔,长期穿长袖衬衣。

(9)食欲不振,面色灰暗,身体消瘦。

(10)情绪不稳定,经常发怒、发脾气,坐立不安、睡眠质量差。

(11)经常无故进入偏僻的地方(觅毒品),与吸毒者交往。

## 7.新型毒品对青少年的诱惑更大

(1)青少年好奇心强、追求兴奋、喜爱刺激,而吸食新型毒品可以满足他们的欲望,毒贩们经常采用各种招数诱惑孩子们吸食。

(2)青少年喜爱去歌舞厅、迪吧等娱乐场所进行群体活动,而这些场所正是新型毒品泛滥的地方。

(3)有些新型毒品,人吸食一两次后不至于成瘾,致使青少年错误地认为吸食新型毒品“不会成瘾”并相互传播。

(4)我国对吸食新型毒品行为的处罚法规有待进一步完善,免受处罚的侥幸心理导致一些青少年敢于尝试新型毒品。

## 8.青少年要学会抵制新型毒品的诱惑

(1)不要进入治安复杂的公共娱乐场所。

(2)要有警觉戒备意识,对诱惑提高警惕,坚决拒绝,不轻信谎言。

(3)不要盲目攀比,追求时尚。

(4)学习禁毒知识。

(5)遇到烦恼要寻求正确的排解途径,不应自暴自弃,更不能借毒解愁。

## 9.吸毒人员对新型毒品危害性的认识误区

有些吸毒者错误地认为吸食冰毒不会上瘾或不易上瘾。除了他人误导外,由于新型毒品成瘾者的戒断反应不像传统毒品那么严重,因而容易使人产生新型毒品不会成瘾的误解。

这些人还认为，吸食冰毒后自己并没有感觉不适，却明显感受到了冰毒的提神、壮阳、减肥等功效。另外，吸食者还存在着所谓“时尚消费”的认知误区，错误地把新型毒品的发展蔓延当成一种“时尚”。

从查获的吸毒人员来看，其中有些经济上、事业上较为成功的人士。他们认为现在请客消费，没有冰毒，算不上请客，唯有让客人吸食冰毒才是消费。用他们流行的话来说，请客不“溜冰”，算不上诚心。

正是由于存在以上认识误区，当前新型毒品的吸毒人数呈几何级递增。所幸相关职能部门已经认识到了这一点，每年的 6 月 26 日“国际禁毒日”，我国各地都会广泛开展毒品危害性宣传特别是新型毒品危害性宣传，就是为了让人们认识到这一点。

## 10. 学校要加强防范新型毒品

学校应加强对青少年学生的新型毒品预防教育工作，通过各种教育渠道与方式，使广大青少年学生充分认识到摇头丸、氯胺酮等新型毒品的特点和危害，提高自我保护意识和防范能力。

讲解有关正确对待青春期、提高自尊心、调节情绪、面对压力、对待挫折等心理健康的知识，教育学生不借毒解闷、借毒消愁。

歌舞厅等娱乐场所是新型毒品传播的高危场所，要教育青少年学生不进入或少进入歌舞厅等娱乐场所，远离吸毒人群，引导学生自觉抵御新型毒品的诱惑。

积极组织和鼓励学生参与禁毒活动，如“不让毒品进校园”“禁毒志愿者行动”等。

## 11. 家庭要教育子女不沾染新型毒品

家庭是社会的细胞，家庭成员之间的亲密度是任何社会团体都无法比拟的。家庭成员的优缺点最容易被其他成员所了解。因此，只要家长具备一定的毒品知识，并真正关心和爱护子女，在子女吸毒早期就能发现，通过加强指导和必要的限制，便能遏制其向恶性发展。家庭在必要时可以求助于有关部门，共同采取措施加以矫治。家庭预防毒品中家长重点应注意以下 7 个方面。

(1)经常耐心听取子女的意见，和孩子交心，培养孩子健康良好的生活习惯，随时引导孩子健康成长。

(2)要掌握了解新型毒品的危害和禁毒知识，成为子女的教师。

(3)以身作则，首先自己不能沾染毒品。

(4)尽量少让孩子去治安复杂场所。

(5)教育孩子慎交朋友。

(6)教育孩子不随便接受陌生人的礼物。

(7)发现孩子性格和行为有异常表现时，应有所警惕。

## 12.戒毒的困难

对于吸毒成瘾者来说，几乎每个人都有彻底戒除毒瘾的愿望，但是多数进行过戒毒治疗的人却又很快复吸了。很多吸毒者屡戒屡吸，从而陷入吸毒—戒毒—复吸的恶性循环。多次戒毒不成功大大挫伤了吸毒者最初戒毒的热情和信心，致使他们从此自暴自弃，在吸毒的道路上越走越远。

戒毒治疗本身就是一项复杂的系统工程，如果得不到被治疗人的主观配合，成功率几乎为零，于是便有了“一朝吸毒，十年戒毒，终生想毒”的说法。目前，我国经戒毒治疗的吸毒者复吸率达到 90%以上，复吸已经成为戒毒治疗中的最大难题。

那么是什么原因导致复吸呢？现代医学认为，复吸的主要原因有两个：首先，急性戒毒后的稽延性戒断症状会在相当长的一段时间里给病人造成很大痛苦（所谓稽延性戒断症状，是指吸毒者在停止吸毒一段时间后，会感觉到各种躯体疼痛、精神异常等，甚至出现情绪失控、容易陷入焦虑不安等情况），为了减轻痛苦，一些人又忍不住使用毒品；其次，长期吸毒会在人脑内形成一种“毒品相关神经环路”，该环路对与毒品相关的人、事件、事物、情绪状态有极强的敏感性，一旦被激活就会诱导大脑对毒品产生难以控制的强烈渴求，成瘾者会不顾一切地找寻毒品、吸食毒品。因此，消除稽延性戒断症状和降低对毒品相关神经环路敏感性是戒毒治疗中的关键点。

# 第五章

# 警示案例

## 1. 男子吸毒产生幻觉，持刀劫持 18 岁女友

“我是达人秀冠军，我被人嫉妒，全家都被杀害了，我要杀人！我要他们偿命！”2012 年 4 月 25 日晚上 7 点半左右，台州 110 指挥中心接到了一个听起来有点莫名其妙的报警电话。

电话里，一个男子语气激动，隐约还能听到旁边有女人的呼救声。

听起来情况有些不妙，110 民警迅速赶到了现场：台州经济开发区某小区一户人家北面的房间。

房间里开着节能灯，但是房门死死地锁着。民警砸开门上的玻璃，看到一名男子正拿着一把尖刀抵着一名女子的脖子。

“我今天肯定要报仇的！”看到门外民警，男子大声说，“我得了世界达人秀的冠军，遭到了一些人的嫉妒，他们把我

全家人都害死了！”

“我们觉得这有些荒唐，推断他要么是喝醉了，要么是有精神疾病。”台州市开发区公安分局区西派出所所长王海说。

“我最喜欢看这个节目，你是在哪儿参加比赛的？”王海有意识地和对方交谈，两个小时后，男子显得有些疲惫，慢慢把刀从女子脖子上挪开。

负责解救的特警队员随即按照“声东击西”的行动方案进行解救：一名队员从 5 楼用绳子挂下来，踢碎 4 楼的窗户冲进室内，就在男子的注意力被吸引过去时，另外一组队员迅速踹开房门，将人质一把拉开。

男子见形势不对，马上用尖刀对准自己的咽喉刺去，他的脖子顿时被戳了一个窟窿，但凶器随即被特警队员夺下。

当时是晚上 10 点多，时间已经过去近 3 个小时。

经审讯，警方了解到，该男子姓谭，21 岁，湖北荆州人，被挟持的女子孟某 18 岁。两人是男女朋友关系。谭某吸毒后产生幻觉，才导致上述事件发生，事后警方在谭某的出租房里发现了吸食冰毒用的工具。

## 2.“我被抢劫强奸遭跟踪”，女子吸毒后产生幻觉

2011 年 12 月 6 日晚上 11 点多，宁波市江北洪塘派出所

接到 110 指挥中心的指令，在洪塘高速公路出口处附近有一个女子报警，称自己被人抢劫强奸了。重案！民警火速赶到现场。只见一名 20 岁出头的年轻女子站在一辆出租车边，正和司机争执。看见警察，司机如同见到了救星，马上迎了上来。司机告诉民警，这个女子是在宁波市海曙区一家娱乐城门口上车的，说要连夜赶往上海。上车后，他见女子老是一个人说个不停，显得十分亢奋，怀疑她不正常，于是，就问她到上海后的具体地址，谁知这一问惹恼了女子，女子在车上吵闹起来，并且扬言要跳车。

当民警向女子询问相关情况时，她过了好一会儿才说，她被人抢劫强奸了，而且对方一直在跟踪她，她这才想到打出租车逃往上海。民警将女子带到派出所，详细了解情况。可当民警问她住址和年龄等基本信息时，她却把民警骂了一通，接着把桌上的东西推到地上，大闹起来，甚至还当众脱起了衣服。

女子的表现让人无法理解。“难道她吸毒了？”民警果断给她做了尿检，检验结果果然呈阳性。

当晚，女子一直在留置室里大吵大闹，直到次日中午才平静下来。女子告诉民警，她老家在东北，父母都是做生意的，在上海给她买了房子和车子，可她却因交友不慎染上了毒品。她的同学都结婚了，而她虽然有房有车，却找不到意中人，心情很沮丧。于是她一个人来宁波，想散散心。

当天晚上，她在旅社里吸了毒品，随后产生幻觉，感到有人抢劫并强奸了她，于是想逃回上海去。上车后，她又感到有人在跟踪自己，这才在车上大闹起来。民警随即和她的父母取得了联系，父母也证实女儿确实是个吸毒者。清醒后，女子对自己大闹派出所的事十分后悔，但因为她已经触犯了法律，警方依法对她进行了处罚。

## 3. 男子派出所前引爆“炸弹”，事前吞高浓度冰毒

2014 年 6 月 12 日上午 9 点半，温州鹿城县学前路，“砰”的一声巨响打破了城市的宁静，路人都停下了脚步。“是爆炸！”有人喊。烟雾缭绕中，只见一个黑衣男人躺在地上，胸前的衣服已被炸开。还没等人反应过来，这个男人突然又站了起来，抱起一个白色包裹，往中山派出所方向跑去。

黑衣男人准备用打火机点燃第二个包裹，中山派出所的民警闻讯而出，对黑衣男人进行劝阻。劝阻不成，民警拔枪朝天射击警告，而黑衣男人全然不顾。

当时有风，黑衣男人想点燃包裹并不容易。他不停摆弄

打火机,并没有注意到不远处的杂货店主蔡寿海。

千钧一发之际,蔡寿海绕到了黑衣男人身后,一掌用力击打在了男子手上,包裹瞬间飞离。

黑衣男人试图抢回包裹,蔡寿海又上前踢了一脚,把爆炸物踢了出去,民警上前一把将男人按倒制伏,并现场缴获了一个尚未引爆的爆燃物。

一场警民联动的包围战,让可能发生的悲剧戛然而止。

事后,经拆弹专家确认,这是个"土炸药",里头填充着黑火药、钢珠、铁钉等。经初步勘查,男子引爆的爆燃物由鞭炮与打火机捆绑而成,爆炸未造成人员伤亡。

经审讯,嫌疑人胡某系温州鹿城区人,有多次违法犯罪前科,有多年吸毒史,案发前刚吞食过高浓度冰毒,神志恍惚。

## 4. 男子"毒驾"肇事身亡,撞伤7人

2015年3月27日15时50分许,湖州南浔警方接到报警,称练市镇南环路段发生一起交通事故,现场有人受伤。接警后,民警迅速到达现场开展调查处置工作。经现场初查,肇事车辆为一辆黑色比亚迪轿车,事故造成三名成人和

四名儿童轻微受伤，均无生命危险。驾驶人为一名成年男性，身上有伤口，失血严重。警方控制现场后，迅速取证并将肇事者和受伤人员送往医院救治。

经查，驾驶人黄某系湖州市南浔区练市镇人，甲基安非他明（冰毒）尿检呈阳性。警方分析，黄某因吸食冰毒，产生幻觉后自残，致车辆失控。最终，黄某因失血过多，抢救无效死亡，其他受伤人员均无大碍。

## 5.“毒驾”男开着凯迪拉克，一脚油门冲进西湖

2016 年 4 月 17 日凌晨，夜色下的西湖显得颇为宁静，白天人头攒动的断桥也显得分外静谧。

凌晨 1 点 22 分左右，一辆悬挂着云南牌照的白色凯迪拉克轿车沿北山街东向西车道正常行驶，在蒋经国旧居前的斑马线附近，突然左转驶入对向车道逆行，随后撞开了车道与人行道之间的隔离墩和栏杆，从人行道的两棵树中间穿过去后，停在了湖边。

其间，民警和保安多次上前询问，但是司机态度恶劣，并不配合民警工作，半个多小时下来，双方陷入了僵局。车上放着《新白娘子传奇》的主题曲《千年等一回》，虽然车窗紧

闭，但是音乐声依然震耳欲聋。

凌晨 2 点 14 分，岳庙派出所民警倪志荣再次上前进行询问，并打开手电观察车内情况。

“你干吗？照什么照！”看到民警举着手电，司机把车窗摇下一条缝，对民警吼了几句后，又将车窗摇了上去，对民警的询问置之不理。

2 点 18 分左右，车里《千年等一回》的音乐还没放完，司机突然启动了车辆，先往后倒了一把，撞到了树上。经过两三秒的停顿，司机突然一脚油门，轮胎和地面发出了刺耳的摩擦声，随后这辆凯迪拉克轿车就直挺挺地冲进了西湖里。

看到凯迪拉克轿车疯了一样地冲向西湖，柳浪派出所的民警李锦和先是一愣，随后马上采取了营救措施。车子刚冲进西湖时，一开始还浮在水面上，李锦和赶紧找来救生圈上的绳子绑到车上，并找来边上的民警、保安和围观群众，一起合力试图把车往岸边拉，但是由于车太重，绳索断裂。时间一分一秒过去，车子开始往湖底沉，由于车窗紧闭，李锦和赶忙跳进西湖，掏出身上的警棍砸向车窗，但并不能成功破窗。

虽然湖边的水不是很深，但也几乎没过了坠湖的凯迪拉克，整辆车只剩车顶还在湖面上。看到这一情况，李锦和也有些着急，这时脚底传来的一阵刺痛，让他突然想到了办法——石头!

李锦和赶忙俯身在湖底找到一块石头,奋力砸向副驾驶车窗,用力砸了几次后,副驾驶的玻璃呈蛛网状破裂。李锦和把玻璃卸下来后,成功将被困司机救了出来,此时时间为2点27分。

随后,司机被带往柳浪派出所接受调查,凌晨4点33分左右,坠湖的车辆被吊车打捞上岸,随后拖离现场。考虑到司机怪异的举动,景区交警大队对其进行了酒精测试,结果显示司机并没有酒驾。景区公安核实到,驾车坠湖的司机姓王,32岁,云南昆明人,并发现王某某曾于2015年5月、2016年3月因吸食毒品分别被深圳、上海公安机关行政拘留。“会不会是毒驾呢?”掌握到这一情况后,柳浪派出所民警对他进行了尿检,检验结果也验证了民警们的猜测,王某某的尿检冰毒呈阳性。与此同时,警方发现坠湖的白色凯迪拉克系王某某所有,但王某某的驾驶证已经被警方依法吊销,因此除了毒驾外,王某某还涉嫌无证驾驶。

# 附　录

# 浙江省禁毒条例

珍爱生命
远离毒品
中国国家禁毒委员会
CHINA NATIONAL NARCOTICS CONTROL COMMISSION

# 浙江省人民代表大会常务委员会公告

第 71 号

《浙江省禁毒条例》已于 2011 年 11 月 25 日经浙江省第十一届人民代表大会常务委员会第 29 次会议通过，现将修订后的《浙江省禁毒条例》公布，自 2012 年 1 月 1 日起施行。

浙江省人民代表大会常务委员会

2011 年 11 月 25 日

# 浙江省禁毒条例

（2001年6月29日浙江省第九届人民代表大会常务委员会第27次会议通过；根据2004年5月28日浙江省第十届人民代表大会常务委员会第11次会议《关于修改〈浙江省禁毒条例〉的决定》修正；2011年11月25日浙江省第十一届人民代表大会常务委员会第29次会议修订）

## 第一章　总则

第一条　为了预防和惩治毒品违法犯罪行为，保护公民身心健康，维护社会秩序，根据《中华人民共和国禁毒法》、国务院《戒毒条例》和其他有关法律、行政法规，结合本省实际，制定本条例。

第二条　本条例所称毒品，是指鸦片、海洛因、甲基苯丙胺（冰毒）、吗啡、大麻、可卡因、氯胺酮，以及国家规定管制的其他能够使人形成瘾癖的麻醉药品和精神药品。

根据医疗、教学、科研的需要，依法可以生产、经营、使用、储存、运输麻醉药品和精神药品。

第三条　禁毒工作实行预防为主，综合治理，禁种、禁制、禁贩、禁吸并举的方针。

禁毒工作实行政府统一领导，有关部门各负其责，社会广泛参与的工作机制。

第四条　县级以上人民政府应当加强对禁毒工作的领导，将禁毒工作纳入国民经济和社会发展规划、纳入平安建设和社会治安综合治理考核，并将宣传教育、缉毒戒毒、队伍建设、举报奖励等禁毒经费列入本级财政预算，保障禁毒经费与禁毒工作需要相适应。

乡(镇)人民政府、街道办事处应当按照省有关规定，落实禁毒工作机构和工作人员，依法做好毒品预防、社区戒毒和社区康复等工作。

第五条　县级以上人民政府设立禁毒委员会，负责组织、协调、指导本行政区域内的禁毒工作。禁毒委员会的主要职责是:

(一)宣传禁毒法律、法规和政策，并对其实施情况进行监督、检查;

(二)制定本地禁毒措施和禁毒工作规划、年度工作目标;

(三)检查、督促本级禁毒委员会成员单位编制禁毒工作年度计划和完成本系统年度禁毒工作任务情况，以及下级政府落实省有关规定和完成年度工作目标情况;

（四）协调有关部门和单位解决禁毒工作中的重大问题，组织有关部门和单位调查、评估本行政区域内的毒品问题现状和发展变化趋势；

（五）上级禁毒委员会和本级人民政府规定的其他禁毒工作。

禁毒委员会设立办公室，配备相应工作人员，负责禁毒委员会的日常工作。

第六条　公安机关负责毒品查缉、毒品案件侦查、吸毒人员查处和动态管控、易制毒化学品购销运输管理和监督检查、公安机关的强制隔离戒毒场所管理等工作。

司法行政部门负责禁毒法制宣传教育、向社区戒毒和社区康复人员提供法律援助、司法行政部门的强制隔离戒毒场所管理等工作。

卫生行政部门负责戒毒医疗机构和其他医疗机构的监督管理、对戒毒医疗的指导服务等工作。

食品药品监督管理部门负责药品类易制毒化学品的生产、经营、购买等方面的监督管理和麻醉药品、精神药品的监督管理工作。

安全生产监督管理部门负责非药品类易制毒化学品的生产、经营监督管理工作。

发展和改革、经济和信息化、教育、民政、财政、人力资源和社会保障、交通运输、农业、林业、商务、文化、工商、广播电影电视、民航安全监督管理、通信、邮政、海关等部门和单位，应当依照各自职责开展禁毒相关工作。

人民法院、人民检察院应当履行法定职责，依法惩处毒品犯罪。

工会、共青团、妇联等社会团体应当结合各自工作对象的特点，组织开展禁毒活动。

第七条　村民委员会、居民委员会应当根据禁毒工作需要，设立禁毒工作站或者确定禁毒联络员，协助人民政府以及公安机关等部门做好禁毒宣传教育、毒品预防和社区戒毒、社区康复工作。

第八条　禁毒志愿服务组织应当组织志愿人员开展禁毒宣传教育和戒毒社会服务工作。各级人民政府应当对志愿人员进行指导、培训，并提供必要的工作条件。

省、市、县(市、区)可以依法设立禁毒协会，依照章程开展禁毒相关工作。

第九条　县级以上人民政府及其有关部门应当建立健全毒品违法犯罪行为举报奖励制度，公开举报电话、奖励措施；对举报人员的身份信息予以保密，保护举报人员的人身安全;对举报有功人员,按照省有关规定给予奖励。

## 第二章　禁毒宣传教育

第十条　各级人民政府应当建立健全全民禁毒宣传教育工作体系,加强禁毒宣传教育基地建设,将禁毒宣传教育与公民法制教育、道德教育、科普教育、健康教育、职业教育和预防艾滋病教育等相结合,提高公民的禁毒意识和自觉抵制毒品的能力。

各级人民政府应当为流动人口在现居住地接受禁毒宣传教育创造有利条件。

第十一条　交通运输、铁路、民航安全监督管理等部门应当将禁毒知识纳入对旅客宣传的内容。

公路、水路、铁路、航空等交通运输经营单位及有关站(场)应当对旅客开展禁毒宣传。

第十二条　文化、工商、公安等部门应当加强对娱乐场所及旅店、棋牌室、会所、俱乐部、桑拿房、美容美发室、足浴店等其他经营服务场所(以下称娱乐场所和经营服务场所)开展禁毒宣传教育的指导。

娱乐场所和经营服务场所应当按照国家、省有关规定,在显要位置张贴或者摆放禁毒警示标志、禁毒宣传品,公布举报电话,对本场所从业人员进行毒品预防教育培训,与公安机关签订禁毒责任书，依法落实禁毒防范措施，预防毒品违法犯罪行为在本场所内发生。

第十三条 教育行政部门应当将禁毒教育列为学校教育的内容，并加强对相关师资力量的培训。各级各类学校应当按照国家和省有关规定，组织开展禁毒教育活动。

第十四条 共青团、妇联、关心下一代工作委员会等社会团体应当会同村民委员会、居民委员会等基层组织，开展家庭禁毒宣传教育，增强家庭和青少年的禁毒意识。

未成年人的父母或者其他监护人应当对未成年人进行毒品危害的教育，防止其吸食、注射毒品或者进行其他毒品违法犯罪活动。

第十五条 公安机关应当会同司法行政、卫生等部门制定和实施禁毒教育培训计划，加强对国家机关、社会团体、企业事业单位和基层组织从事禁毒工作相关人员的培训。

国家机关、社会团体、企业事业等单位应当加强对本单位人员的禁毒宣传，并结合单位工作实际，加强对相关人员的禁毒教育培训。

第十六条 报社、广播电台、电视台、电影院以及从事互联网、有线电视、移动通讯、公共显示屏等信息服务的单位，应当根据禁毒工作需要，免费刊登、播放禁毒公益广告和禁毒节目等，开展公益性禁毒宣传。

## 第三章 毒品管制

第十七条 禁止非法种植罂粟、古柯植物、大麻植物以及国家规定管制的可以用于提炼加工毒品的其他原植物。

各级人民政府及公安、农业、林业等部门发现非法种植罂粟、古柯植物、大麻植物以及国家规定管制的可以用于提炼加工毒品的其他原植物的，应当立即采取措施予以制止、铲除。

第十八条 公安、发展和改革、经济和信息化、交通运输、农业、商务、卫生、工商、食品药品监督管理、安全生产监督管理、海关、民航等有关部门和单位，应当建立健全协作机制，加强易制毒化学品、麻醉药品、精神药品、涉毒人员等相关信息的动态管理和共享利用，提高禁毒工作信息化水平和效能。

第十九条 生产、经营、购买、运输、储存、使用、进口、出口易制毒化学品和麻醉药品、精神药品的单位，应当执行国家有关规定，规范和落实单位内部管理制度，防止易制毒化学品和麻醉药品、精神药品流入非法渠道。未经依法许可或者备案，不得擅自生产、经营、购买、运输易制毒化学品和麻醉药品、精神药品。

第一类易制毒化学品和醋酸酐的生产、经营、使用企业、仓储企业，应当在其仓储场所设置视频监控设施和报警装置，并与当地公安机关联网。

第二十条 使用易制毒化学品的企业因转产、停产或者生产急需，在本省行政区域内转让、赠送、出借第一类中的非药品类易制毒化学品的，受让（受赠、借入）企业应当事先将所需受让（受赠、借入）的品种、数量和转让（赠送、出借）企业名称向所在地市级公安机关备案，凭备案证明向转让（赠送、出借）方提取货物。公安机关应当进行审查，符合条件的，应当于收到备案申请的五个工作日内出具备案证明。

使用易制毒化学品的企业因转产、停产或者生产急需，在本省行政区域内转让、赠送、出借第二类、第三类易制毒化学品的，受让（受赠、借入）企业应当事先将所需受让（受赠、借入）的品种、数量和转让（赠送、出借）企业名称向所在地县级公安机关备案，凭备案证明向转让（赠送、出借）方提取货物。公安机关受理备案后，应当于当日出具备案证明。

第二十一条 省公安机关应当会同省食品药品监督管理、安全生产监督管理等部门，建立健全易制毒化学品企业和易制毒化学品分类管理制度，突出管理重点，落实相应管理措施。

对含有麻黄素类物质、麻醉药品、精神药品的易被提取制毒的复方制剂，以及尚未纳入国家易制毒化学品管理但易用作制毒原料或者配剂的化学品，由省公安机关会同省食品药品监督管理、安全生产监督管理等部门根据本省实际情况确定具体范围，依法制订管理措施，报省人民政府批准后实施。

第二十二条　公安机关根据禁毒工作需要，可以在边防口岸、交通要道、飞机场、火车站、长途汽车站、港口、码头以及物流集散地等场所，对过往人员、物品、货物以及交通工具进行毒品和易制毒化学品检查。

交通运输、铁路、民航安全监督管理等部门和单位应当建立健全毒品查缉工作机制，配合公安机关开展毒品查缉和易制毒化学品检查工作。公路、水路、铁路、航空等交通运输经营单位以及有关站（场）应当落实禁毒防范措施，预防涉毒违法犯罪行为的发生。

第二十三条　邮政企业、快递企业应当建立并执行收寄验视制度，提高查验技术装备水平。对寄件人交寄的信件以外的物品，应当当场逐件验视内件，如实记录寄件人姓名、地址、联系方式和收寄物品的名称、数量等信息，当场封装；用户拒绝验视的，不得收寄。

邮政企业、快递企业应当保存相关信息一年以上备查。

第二十四条　报关单位应当如实申报进出口货物品名、数量，如实记录客户业务和办理人员姓名等信息，并保存相关信息一年以上备查。

第二十五条　娱乐场所和经营服务场所应当按照国家和省有关规定，建立内部巡查制度，履行巡查职位，及时发现并报告涉毒可疑情况。

娱乐场所和经营服务场所及其从业人员不得贩卖、提供毒品，不得组织、强迫、教唆、引诱、欺骗、容留他人吸食、注射毒品，不得为进入娱乐场所和经营服务场所的人员实施上述行为提供条件。

娱乐场所和经营服务场所及其从业人员、房屋出租人发现场所内或者出租房内有贩毒、吸毒等违法犯罪活动的，应当立即报告公安机关，并协助公安机关进行调查。

第二十六条　公安、工商、经济和信息化、安全生产监督管理、广播电影电视、新闻出版等部门，应当加强对非法涉毒广告、非法传授制毒方法等行为的监督管理，依法查处相关违法行为。

任何单位和个人不得发布麻醉药品、精神药品的广告，不得违反国家规定发布易制毒化学品的销售信息，不得传授制毒方法。有关传播媒体发现涉毒广告或者涉毒销售信息的，应当及时报告公安机关。

## 第四章　戒毒措施

第二十七条　对吸毒成瘾人员采取自愿戒毒、社区戒毒、强制隔离戒毒、社区康复等措施帮助其戒除毒瘾，教育和挽救吸毒人员。

吸毒成瘾人员应当进行戒毒治疗。

第二十八条　吸毒成瘾的认定，由公安机关或者其委托的戒毒医疗机构按照国家有关规定进行，卫生行政部门应当给予必要的指导和协助。

第二十九条　鼓励吸毒成瘾人员自行戒除毒瘾。吸毒人员可以自行到戒毒医疗机构接受戒毒治疗。

戒毒医疗机构应当与自愿戒毒人员或者其监护人签订自愿戒毒协议，并自签订协议之日起三日内，向县（市、区）、市公安机关报告自愿戒毒人员的姓名、身份证件种类和号码以及戒毒期限等信息。

第三十条　县（市、区）人民政府应当按照省有关规定，建立一家以上符合要求的戒毒医疗机构或者确定一家以上的医疗机构作为戒毒医疗机构。戒毒医疗机构应当遵守国家有关戒毒治疗规范。

县级以上卫生行政部门应当会同公安机关、司法行政等部门，利用现有医疗卫生资源，加强戒毒医疗机构建设，为戒毒人员提供门诊治疗、住院治疗、药物维持治疗、心理咨询等戒毒医疗服务。

第三十一条　县（市、区）、市卫生行政部门应当会同公安机关、食品药品监督管理部门，根据国家和省有关规定，合理布局、科学设置药物维持治疗门诊和服药点，方便吸毒成瘾人员就近治疗，保证维持治疗的连续性、稳定性。

第三十二条　对吸毒成瘾人员，公安机关可以责令其接受社区戒毒。社区戒毒工作由乡（镇）人民政府、街道办事处负责实施。

戒毒人员的家属和戒毒人员就医、就业、就学的单位，应当配合乡（镇）人民政府、街道办事处及其指定的基层组织开展社区戒毒工作，帮助戒毒人员戒毒。

第三十三条　乡（镇）人民政府、街道办事处应当根据工作需要和省有关规定，配备社区戒毒专职工作人员，制定社区戒毒工作计划，落实社区戒毒措施。

社区戒毒专职工作人员由县级以上人民政府统一招聘；其培训、具体职责和管理办法，由省公安、财政、民政、人力资源和社会保障等部门，按照国家、省有关规定制定。

第三十四条　乡(镇)人民政府、街道办事处应当在社区戒毒人员报到后及时与其签订社区戒毒协议。社区戒毒协议应当包括以下内容:

(一)戒毒人员享有的权利和可以获得的帮助;

(二)戒毒人员应当遵守的规定;

(三)社区戒毒的具体措施;

(四)违反社区戒毒协议的法律后果;

(五)其他应当明确的事项。

第三十五条　吸毒成瘾人员有《中华人民共和国禁毒法》第三十八条第一款所列情形之一的,由查获违法行为的县(市、区)、市公安机关作出强制隔离戒毒的决定。

戒毒人员在强制隔离戒毒期间的生活费用和医疗费用等,按照国家、省有关规定执行。

第三十六条　对被解除强制隔离戒毒的人员,作出强制隔离戒毒决定的公安机关可以责令其接受社区康复,并出具责令社区康复决定书,送达本人及其家属,通知社区康复执行地乡(镇)人民政府、街道办事处。

第三十七条　社区戒毒人员、社区康复人员,应当自收到责令社区戒毒、社区康复决定书之日起二日内到社区戒毒、社区康复执行地乡(镇)人民政府、街道办事处报到,签订社区戒毒、社区康复协议；路途较远、交通不便的，最迟应当在十五日内报到。

社区戒毒人员、社区康复人员变更执行地的，应当自收到变更执行地通知之日起二日内到变更后的乡（镇）人民政府、街道办事处报到；路途较远、交通不便的，最迟应当在十五日内报到。

第三十八条　被责令接受社区康复的人员拒绝接受社区康复或者严重违反社区康复协议的，公安机关可以责令其接受社区戒毒。

第三十九条　自愿戒毒人员、社区戒毒人员、社区康复人员可以到戒毒康复场所进行戒毒康复；戒毒康复人员应当遵守戒毒康复场所的有关规定。

戒毒康复场所应当具备生活服务、康复治疗、职业培训、习艺劳动等基本功能，建立健全戒毒康复管理制度，严禁毒品流入。

第四十条　社区戒毒专职工作人员、社区民警、村民委员会和居民委员会禁毒工作站或者禁毒联络员，应当加强与吸毒人员及其家庭、工作单位、学校的联系，定期了解吸毒人员的生活、思想状况和社会交往情况，帮助、教育其远离毒品，防止其再次吸毒。

第四十一条　县级以上人民政府应当鼓励和支持社会团体、企业事业单位及其他组织和个人参与戒毒社会服务工作。

各级人民政府及其有关部门应当加强对戒毒人员的职业技能培训和就业指导，提供就业信息，拓宽就业渠道，鼓励和扶持戒毒人员自谋职业、自主创业，帮助其回归社会。

单位招用就业困难的戒毒人员，签订一年以上劳动合同并缴纳社会保险费的，享受国家和省有关社会保险补贴、公益性岗位补贴等优惠政策。

第四十二条　县级以上人民政府及其有关部门应当将戒毒治疗项目纳入公共卫生医疗保障体系。戒毒人员在自愿戒毒、社区戒毒、社区康复期间的戒毒诊疗费用，按照省有关规定纳入城镇职工基本医疗保险、城镇居民医疗保险和新型农村合作医疗范围。

第四十三条　吸毒成瘾人员被强制隔离戒毒或者被责令社区戒毒的，在戒毒期间不得申领机动车驾驶证；身体条件不适合驾驶机动车的，其已经取得的机动车驾驶证应当依法注销。

因吸毒被行政处罚或者被强制隔离戒毒、被责令社区戒毒的人员，在行政处罚执行完毕或者解除戒毒后一年内申领、审验机动车驾驶证的，应当提供吸毒检测报告。

## 第五章　法律责任

第四十四条　违反本条例的行为，法律、行政法规已有法律责任规定的，从其规定。

第四十五条　违反本条例第十二条第二款规定，娱乐场所和经营服务场所未按照规定在场所显要位置张贴或者摆放禁毒警示标志、禁毒宣传品、公布举报电话的，由文化行政部门、公安机关给予警告，责令限期改正；未按照规定对从业人员进行毒品预防教育培训、签订禁毒责任书或者未落实禁毒防范措施的，由公安机关给予警告，责令限期改正，逾期未改正的，处三千元以上三万元以下罚款。

娱乐场所和经营服务场所未按照规定落实禁毒防范措施，发生涉毒案件的，由公安机关对场所处五千元以上五万元以下罚款，并可对直接负责的主管人员和其他直接责任人员处一千元以上三千元以下罚款。

第四十六条　违反本条例第二十条规定，向未取得备案证明的企业转让（赠送、出借）易制毒化学品，或者未取得备案证明受让（受赠、借入）易制毒化学品的，由公安机关没收违法所得，处一万元以上五万元以下罚款；情节较重的，处五万元以上二十万元以下罚款。

第四十七条　违反本条例第二十三条规定，邮政企业、快递企业未如实记录寄件人姓名、地址、联系方式和收寄物品的名称、数量等信息，或者未按照规定保存相关信息一年以上的，由邮政管理部门给予警告，责令限期改正；情节较重的，处五千元以上五万元以下罚款。

第四十八条　违反本条例第二十四条规定，报关单位未如实记录客户业务和办理人员姓名等信息，或者未按照规定保存相关信息一年以上的，由海关给予警告，责令限期改正；情节较重的，处五千元以上五万元以下罚款。

第四十九条　违反本条例第二十五条第一款规定，娱乐场所和经营服务场所未按照规定建立内部巡查制度或者不履行巡查职责的，由公安机关责令限期改正；逾期未改正的，处五千元以上五万元以下罚款。

违反本条例第二十五条第二款规定，经营服务场所及其从业人员有贩卖、提供毒品等行为的，由公安机关没收违法所得和非法财物，责令停业整顿十五日至一个月，对经营服务场所处一万元以上五万元以下罚款，对直接负责的主管人员和其他直接责任人员处三千元以上一万元以下罚款；情节较重的，责令停业整顿一个月至三个月，对经营服务场所处五万元以上二十万元以下罚款，对直接负责的主管人员和其他直接责任人员处一万元以上二万元以下罚款。

违反本条例第二十五条第三款规定，经营服务场所及其从业人员、房屋出租人发现场所内或者出租房内有贩毒、吸毒等违法犯罪活动，未按照规定报告公安机关的，由公安机关给予警告，可以并处一千元以上一万元以下罚款。

第五十条　违反本条例第二十六条第一款规定，非法传授制毒方法的，由公安机关处五千元以上五万元以下罚款。

违反本条例第二十六条第二款规定，传播媒体发现涉毒广告或者涉毒销售信息，未按照规定报告公安机关的，由公安机关处二千元以上二万元以下罚款。

第五十一条　各级人民政府及公安机关、司法行政等部门的工作人员在禁毒工作中有下列行为之一，构成犯罪的，依法追究刑事责任；尚不构成犯罪的，依法给予处分：

（一）包庇、纵容毒品违法犯罪人员的；

（二）对戒毒人员有体罚、虐待、侮辱等行为的；

（三）挪用、截留、克扣禁毒经费的；

（四）擅自处分查获的毒品和扣押、查封、冻结的涉及毒品违法犯罪活动的财物的；

（五）违法泄露戒毒人员个人信息的；

（六）其他徇私舞弊、玩忽职守、不履行法定职责的行为。

## 第六章　附则

第五十二条　本条例自2012年1月1日起施行。